Comment devenir extrêmement riche en investissant dans le Bitcoin et les autres Crypto-monnaies

Author

Carl Swensen

© Copyright 2018 – Tout les droits réservés.

Si vous souhaitez partager ce livre avec une autre personne, veuillez en acheter une copie supplémentaire pour chaque destinataire. Merci de respecter le dur labeur de cet auteur. Dans le cas contraire, la transmission, la duplication ou la reproduction de l'un des travaux suivants, y compris des informations spécifiques, sera considérée comme un acte illégal, que ce soit par voie électronique ou par écrit. Cela s'étend à la création d'une copie secondaire ou tertiaire de l'œuvre ou d'une copie enregistrée et n'est autorisée qu'avec un consentement écrit exprès de l'éditeur. Tous droits supplémentaires réservés.

TABLE DES MATIÈRE

CHAPITRE 1 5

LES CRYPTO-MONNAIES ET BLOCKCHAIN 5

CHAPITRE 2 18

DEVRIEZ-VOUS INVESTIR ? 18

CHAPITRE 3 34

LES TYPES DE CRYPTO-MONNAIE 34

CHAPITRE 4 49

LE PREMIER PAS : COMMENT OUVRIR UN COMPTE EST POUR INVESTIR ET REUNIR DES CRYPTO-MONNAIE 49

CHAPITRE 5 85

DES STRATEGIES POUR INVESTIR 85

CHAPITRE 6 110
COMMENT SE PROTEGER CONTRE LES FRAUDES ET LES VOLS 110

CHAPITRE 7 128
LE FUTURE DES CRYPTO-MONNAIE 128

Chapitre 1

Les Crypto-monnaies et Blockchain

Qu'es ce qu'une Crypto-monnaie ? Je suis sûre que cette « monnaie futuristique du 21ieme siècle » réveille la curiosité d'un grand nombre d'entre vous. Le marché de la crypto-monnaie a un bel avenir devant lui du fait de sa popularité grandissante et de sa sécurité.

Une des questions les plus posé est : Qu'es ce qu'une crypto-monnaie ? De façon brève, une crypto-monnaie est une version digitale d'une monnaie où les transactions se passent en ligne. Une Crypto-monnaie est un moyen d'échange comme votre monnaie de tous les jours tel que le dollar mais conçu dans le but d'échanger des informations digitales au moyen d'un procédé connu sous le nom de cryptographie.

La première crypto-monnaie à émerger est le Bitcoin, de Satoshi Nakamoto.

La raison pour laquelle les crypto-monnaies sont au tant en demande en ce moment est due au fait que Satoshi Nakamoto a réussi à trouver un moyen de créer un système monétaire digitale décentralisé. Qu'es ce qu'un système monétaire décentralisé ?

Un système décentralisé signifie que la mise en réseau est effectuée par les utilisateur sans avoir un tierce partie, une autorité centrale ou intermédiaire qui la contrôle. Ni la Banque Centrale ni le Gouvernement n'a un quelconque pouvoir sur ce système.

Le problème avec un réseau centralisé dans un système de payement est la " double dépense". La double dépense existe quand une personne dépense le même montant deux fois. Par exemple, quand vous achetez des choses en ligne, vous vous exposer à des frais de transaction cher et inutile. Souvent, c'est fait par un serveur centrale qui garde la trace de vos soldes.

Plus communément appelé Technologie Blochain. Crypto-monnaie est dérivé du mot "Cryptographie", qui se réfère au procédé de maintien de consensus sécurisé par des fortes cryptographie.

Les technologies Blockchain fonctionnent en dirigeant et en maintenant un nombre grandissant d'ensemble de bloc de données, et cela est fait en utilisant le réseau décentralisé ou appelé P2P (Pair à Pair) réseau. Dans Blockchain, une partie des données sont enregistrées et ne peut être modifiées ou changées.

En plus simple, cet technologie vous permet d'envoyer une « pièce d'or » par email. Le P2P réseau est un réseau consensus, qui permet un nouveau système de payement et les échanges de nouvelle monnaie digitale.

Expliquons-le dans un exemple. Une Crypto-monnaie comme le Bitcoin est constitué par ses propre membres de réseau. Chaque membre a accès au registre complet de tous les transaction et soldes de chaque compte.

A la fin de chaque transaction et au moment de la confirmation, la transaction est connue presque instantanément par le réseau entier. Lors d'une transaction, A donne un montant X de Bitcoins à B, et qui est signé par la clé privé de A. Après être signé, une transaction est transmise au réseau.
L'information se propage d'un membre à tous les autres membres du réseau.

La Confirmation est un stage critique dans le système de crypto-monnaie. La confirmation est cruciale. Quand la transaction n'est pas confirmée, il est possible d'être hacker ou de falsifier.

Quand une transaction est confirmée, c'est inscrit dans la pierre. Elle ne peut pas être annulé, il est impossible d'être hacker, elle ne peut pas être falsifier du fait que la transaction est archivée dans un registre permanent incluent l'historique des transactions :

La Blockchain.

La Blockchain peut être connecté à un compte en ligne, où toutes les transactions sont enregistrées et rendu visible à tout le réseau.

Cela démontre que les crypto-monnaies ne sont pas sécurisé par les gens ou la confiance, mais par des équations mathématiques. Les crypto-monnaie sont vraiment sure et il est vraiment improbable que l'adresse d'une monnaie soit compromise.

Seule les mineurs peuvent confirmer une transaction. Tel est leur rôle au sein du réseau de crypto-monnaie.

Ils enregistrent des transactions, les vérifient et dispersent les informations de transaction dans le réseau.

Pour chaque transaction complété, monitoré et facilité par des mineurs, ceux-ci sont récompensé par un jeton de crypto-monnaie, comme par exemple les Bitcoins.

Puisque que les mineurs jouent un rôle clé dans le système de crypto-monnaie, examinons leur rôle plus en détail.

Que font les mineurs ?

Tout d'abord, tout le monde peut être un mineur. Les mineurs sont nécessaires en raison de la nature du réseau décentralisé où il n'y aucune autorité pour déléguer des tâches et la crypto-monnaie a besoin d'une sorte de système pour empêcher toute forme d'abus de réseau. Par exemple, une personne peut créer des milliers de membres et diffuser des transactions contrefaites. Cela perturberait le système immédiatement.

Pour devenir un mineur, vous allez devoir résoudre un puzzle cryptologique qui est un ensemble de questions mathématiques complexe configure par Satoshi Nakamato lui-même. Si vous réussissez à résoudre le puzzle, en tant que mineurs vous pouvez créer un bloc et l'ajouter à la Blockchain.

Le mineur est également autorisé à ajouter une transaction de crypto-monnaie au système qui lui accorde automatiquement un nombre spécifique de bitcoins. C'est le seul moyen de créer des bitcoins valides. Les bitcoins ne peuvent être générés que si un mineur peut résoudre un puzzle cryptographique. Le niveau de difficulté augmente avec la quantité de puissance informatique que les mineurs investissent.

Comment est déterminé la valeur des crypto-monnaies ?

La valeur des crypto-monnaies dépendent du marché, où les prix de différentes crypto-monnaies variant beaucoup et c'est l'un des marchés les plus changeant et volatile à cette date.

Le prix des crypto-monnaies, comme tout autre produit, dépend de la demande et de l'offre. Si plus de gens exigent une monnaie particulière et que l'offre est faible, la valeur augmente. Plus d'unités sont exploitées par les mineurs pour équilibrer le flux. Cependant, la plupart des devises limitent l'offre de leurs jetons.

Le nombre total de Bitcoin émis est de seulement 21 millions. De ce fait, les réserves de bitcoin vont diminuer avec le temps et vont s'épuiser d'ici 2140. Cela explique pourquoi la valeur du bitcoin est plus hautes que les autres crypto-monnaies.

Maintenant vous devez vous demandez, **à quoi sert la crypto-monnaie ?**

Premièrement, les crypto-monnaies peuvent être dépensés à des fins différentes et l'avantage est que, toutes les transactions sont effectuées en ligne ! Il y a trois types différents de transactions qui peuvent être effectuées en utilisant crypto-monnaie :

1. Le commerce de Bitcoin

2. Les dépenses personnelles

3. Financement communautaire (Crowdfunding)

Commençons par le commerce de Bitcoin.
Le commerce de Bitcoin peut être très rentable pour les professionnels et les débutants. Le marché est nouveau, l'arbitrage et la négociation de marge est

largement disponible. La forte volatilité de la monnaie a également joué un rôle majeur en attirant de nouveaux investisseurs sur le marché des transactions.

Comparé à d'autres monnaies, le Bitcoin a très peu d'obstacle pour un débutant. Si vous possédez déjà un Bitcoin, aucune vérification n'est requise et vous pouvez commencer à troquer presque instantanément. De plus, le Bitcoin n'est pas une monnaie fiduciaire. Cela signifie simplement que le prix n'est pas lié à l'économie ou aux politiques d'un seul pays.

Et contrairement aux marchés boursiers, il n'y a pas de plateforme d'échanges officiels de Bitcoin. Au lieu de cela, des centaines d'échanges de Bitcoin fonctionnent 24/7 autour du monde. En raison de l'absence de plateforme d'échanges officiels, il n'y a pas de prix officiel pour le Bitcoin. La monnaie est connue pour ses mouvements de prix rapides et fréquents.

Deuxièmement, les dépenses personnelles. Vous pouvez utiliser le Bitcoin pour acheter presque n'importe quoi ! Des voitures au billets pour voyager partout dans le monde.

En Décembre 2013, un modèle Tesla S a été acheté pour un volume de 91.4 Bitcoins. Le concessionnaire, situé en Californie, continue d'accepter les Bitcoins comme moyen de paiement. Il a depuis réussi à vendre une Lamborghini Gallardo pour 216,8 Bitcoin.

Vous pouvez également parcourir le monde à l'aide des Bitcoins ! Allez-vous sur www.cheapair.com. Le 22 novembre 2013, ils ont annoncé qu'ils seraient la première agence de voyages en ligne acceptant les Bitcoins. Vous êtes en mesure d'acheter des vols, des hôtels, des locations de voitures et des croisières. Vous pouvez les utiliser pour des packages complets.

Les crypto-monnaie offre également la possibilité pour vous de redonner à la société. Comment ? Par le financement de foule. Vous pouvez faire partie de l'histoire à succès de quelqu'un en faisant un don à un projet de financement de foule crypto. Des entreprises telles que Lighthouse ont construit leur plate-forme de financement de la foule en utilisant le Bitcoin.

Les avantages de faire un don par le biais de ce système, est que vous ne serez pas facturés pour votre don et les fonds ne seront pas débloqués avant que le projet réponde à ses critères. Vous pouvez également vous retirer de la campagne avant son achèvement.
Vous avez un contrôle complet sur vos dons !
Exemples de campagnes de financement réussies

sont Dogecoin, qui comprend des campagnes du pilote Nascar Josh Wise.

Chapitre 2

Devriez-vous investir ?

Mise à part le fait que les crypto-monnaies soient vraiment sure et s'exécutent sur un réseau décentralisé, il y a d'autres propriétés qui explique pourquoi les crypto-monnaies sont l'un des sujets de conversation le plus populaire. Ils sont considérés comme un véhicule d'investissement, qui peut générer des rendements massifs.

Avez-vous entendu parler de Erik Finman ? L'adolescent millionnaire en Bitcoins qui avait commencer à amasser des bitcoins à 12 dollars la pièce seulement en Mai 2011, quand il n'avait que 12 ans. Il avait reçu le bitcoin comme pourboire et 1000 dollars, cadeau de sa grand-mère.

Donc devriez-vous investir dans les crypto-monnaie ?

Comme la plupart des technologies, le royaume des crypto-monnaie peut être un peu compliqué à maitriser et est encore nouveau pour beaucoup.

Investir dans une crypto-monnaie peut être un bon investissement, ou ne pas l'être. C'est vrai pour les crypto-monnaies en générales et probablement pour vous aussi.

Les crypto-monnaie étant jeune, et le marché étant historiquement volatile, il n'y a pas de bonnes ou mauvaises réponses concernant l'investissement dans les crypto-monnaies. C'est dans cet esprit que nous allons couvrir les avantages et inconvénient et des conseils d'ami (mais pas professionnels).
Il existe différentes raisons concrètes pour lesquelles vous devriez investir dans la crypto-monnaie.

L'avantage le plus connu de cet investissement est la **«Non-Participation de Tiers Partie »**. Il y a toujours un motif lorsque vous utilisez l'argent traditionnel pour vous acheter une nouvelle propriété, créer votre propre entreprise, ou en achetant une nouvelle voiture.

D'une manière ou d'une autre, le processus nécessite une participation d'une tierce personne. Nous parlons d'avocats, de propriétaires et d'autres facteurs externes tels que les retards, les documentations et les frais supplémentaires. En général, cela va consommer du temps, de l'argent et de l'énergie inutiles au point d'abandonner.

Un bon exemple de ce scénario serait vous acheter une nouvelle maison. Vous devez payer le conseiller financier qui, en général, conseille votre état financier pour vous assurer un revenu stable.

Certaines propriétés exigent que vous payiez des frais de réservation pour « verrouiller » votre maison et de nombreux autres ajouts. En bref, il y a beaucoup de tierce partie impliqués et cela vous facture même avant que vous possédiez la propriété.
Mais ce n'est pas le cas avec les crypto-monnaies. Comme mentionné précédemment, le système Blockchain est similaire à une base de données d'auto-droits.

Cela signifie que le contrat peut être conçu et appliqué pour supprimer toute implication du tierce partie mentionné précédemment. En outre, le contrat peut être personnalisé pour compléter une certaine transaction à une date déterminée à une fraction des dépenses.

Oui, vous pouvez éliminer toutes les options de participation d'une personne tierce, en fait, si vous decidez que vous n'en avez même pas besoin. En

bref, vous contrôlez votre propre argent en utilisant les crypto-monnaies. C'est ce que nous appelons un système « décentralisé », ce qui signifie qu'il n'y a pas de « gouvernement central ou fédéral » qui le réglemente pour vous.
Votre transaction est pratiquement à l'abri de toute influence de votre gouvernement et de sa manipulation distincte.

Ainsi, il est possible de pouvoir payer et recevoir de l'argent n'importe où dans le monde à tout moment.

Cette transaction est faite avec des frais de traitement minimum, empêchant ainsi les utilisateurs d'avoir à payer des frais supplémentaires auprès des banques ou des institutions financières.

L'avantage suivant est que **les crypto-monnaies sont moins risquées que les monnaies traditionnelles.**

A notre époque, la plupart des gens ont rarement leur argent en leur possession. Au lieu de cela, ils ont une gamme de cartes de crédit, cartes de débit et autres cartes de paiement disponibles comme méthode de paiement dans leur pays.

Il n'y a rien de mal à cela, sauf si la connexion du magasin au serveur est déconnectée ou que leur machine est hors service, et que vous qui n'avez pas d'argent finit par plafonner les dépenses.

Le fait est qu'avec ces cartes est, tout achat que vous faites, vous donnez l'accès du destinataire final à votre ligne de crédit complet. Peu importe le montant de la transaction, le fait que vous donniez votre carte à quelqu'un pour avoir accès à votre compte est déjà une forme de « violation ».

La majeure partie de ces « violations » sont considérée comme sûre de nos jours en utilisant différentes mesures de sécurité telles que les méthodes « PIN actif » ou «Vague de paiement ». Ensuite, le magasin initie le paiement en « soutirant » le montant désigné de votre compte en utilisant les informations fournies dans votre carte.

Les Crypto-monnaies ne fonctionnent pas de cette façon. Au lieu d'un des mécanismes « retrait », il « pousse » le montant qui devait être payé ou reçu à un autre détenteur de crypto-monnaie sans aucune autre information nécessaire.

Les paiements sont possibles sans que vos informations personnelles ne vous soient liées par la transaction. Votre compte peut être sauvegardé et chiffré pour assurer la sécurité de votre argent.

En permettant aux utilisateurs d'avoir le contrôle de leurs transactions, le Bitcoin, l'Ethereum ou tout autre crypto-monnaie est sécurisé dans le réseau.

Un autre avantage de l'utilisation des crypto-monnaies serait **sa protection contre la fraude.**

Nous avons souvent entendu des cas où la carte de paiement est utilisée par d'autres utilisateurs autre que le propriétaire. Lorsqu'il contacte l'émetteur de service de sa carte, il s'avère que sa carte a effectué des certaines transactions sans son consentement. C'est ce que nous appelons un cas de fraude.

La plupart du temps, ceux qui commettent ces cas de fraude s'en sorte sans conviction criminel parce qu'il n'est pas facile de retracer la fraude au coupable. De plus, il est même difficile d'attirer l'attention des forces de l'ordre pour lancer une enquête sur un seul crime commis par un criminel.

Cependant, les crypto-monnaies ne permettent pas toujours d'agir frauduleusement. Parce que vos informations personnelles sont cachées des regards indiscrets, cela vous protège contre le vol d'identité.

Rappelez-vous, les crypto-monnaies sont une forme de monnaie numérique, créée à partir de code. Individuellement les crypto-monnaie sont telles que mentionnées : numériques, et ne peuvent pas être contrefaites par les expéditeurs.

Étant donné que les transactions ne peuvent pas être annulées, elles ne comportent aucune information personnelle. Cela garanti la sécurité et les commerçants sont protégés contre les pertes potentielles qui pourraient survenir à la suite de cas de fraude.

Il est très difficile de tricher ou fausser quiconque utilise ces crypto-monnaie en raison de son système décentralisé et du système de blocage existant dans les blockchaine. Il ne peut être manipulé par personne ou organisation grâce à sa sécurité cryptographique.

Pour finir, l'**universalité du Bitcoin.**

Au cours du développement des transactions tout au long de l'histoire, les différents pays du monde ont mis en œuvre leurs différentes méthodes de paiement. Nous avons eu un système d'échange d'argent et de marchandises et même du commerce de troc. Ce n'est que lorsque les commerçants ont visité d'autres pays qu'ils ont découvert comment échanger des articles entre eux.

Grâce à diverses innovations et développements, nous disposons maintenant de plusieurs méthodes pour échanger et échanger des fonds dans le monde entier.

Mais même avec toutes ces mises à niveau, nous éprouvons toujours des problèmes à effectuer des transactions à travers le monde. Il y a toujours des problèmes de devises, des autorisations bancaires, des méthodes de paiement inacceptables et d'autres problèmes variés vécus par les propriétaires d'entreprise ou les voyageurs.

Le fait est que tous les pays n'ont pas des processions financières similaires. Votre carte ou votre devise peut ne pas être acceptée par d'autres pays, ce qui constitue un revers majeur pour votre compte.
Par exemple, la plupart des services bancaires, de paiement ou d'encaissement en ligne exigent des frais de traitement supplémentaires pour leur service même si ce compte vous appartient.
Cependant, les crypto-monnaies ne sont pas liées par l'un de ces taux de change, les frais de transaction, les taux d'intérêt ou d'autres frais appliqués sur les pays.

Ils peuvent être utilisés à tout moment sous n'importe quelle norme internationale sans rencontrer aucun problème.

Cela permet également d'économiser beaucoup de temps et d'argent en réduisant les dépenses supplémentaires par rapport au transfert d'argent d'un pays à l'autre.

Ce qui signifie que la crypto-monnaie fonctionne sur une plate-forme internationale qui, à son tour, rend la transaction plus facile que votre transfert télégraphique moyen.

Pour récapituler, il existe 4 avantages majeurs concernant les crypto-monnaies. Il y a la « Non-Participation d'un Partie Tiers », « Risque plus faible par rapport aux monnaies traditionnelles », « Protection contre la fraude » et « Universalité».

Malgré les avantages incroyables qui viennent avec les crypto-monnaies, il y a aussi quelques revers à l'investissement.

INCOVENIENT : Le marché de la crypto-monnaie a été très volatile depuis sa création. Le prix de Bitcoin peut monter ou descendre des centaines de dollars en un jour, et le prix a plus que quadruplé en 2017. Nous avons déjà vu une bulle et une redescente en 2013, et actuellement en 2017, le bitcoin ressemble à une bulle classique. En fait, notre image d'en-tête est une référence à la psychologie des bulles. Plus précisément, il s'agit d'une référence au «cycle de Minsky», qui peut vous donner une idée de la probabilité que nous soyons confronter à une bulle. Cela dit, il y a beaucoup plus de facteurs à considérer ici. Si ce n'était pas le cas, la réponse à la question sur l'investissement dans la crypto-monnaie aurait été un simple «non».

INCONVENIENT : Les régulateurs de grands pays comme les États-Unis, la Russie et la Chine peuvent avoir un impact important sur la crypto-monnaie (ils ne peuvent probablement pas l'écraser, mais ils peuvent rendre la vie difficile aux investisseurs). Les États-Unis arrêtant la route de la soie ont provoqué un accident en 2013 (une bulle qui n'a pas récupéré avant 2017). En 2017, la Chine a commencé à parler d'interdiction des ICOs (financement de foule pour les nouvelles pièces) et a donné des signaux de désapprobation (portant le prix d'un Bitcoin de 5k $ à 4k $ en quelques heures). Actuellement, les échanges de crypto-monnaie sont légaux aux Etats-Unis, en Russie et en Chine (bien que cela puisse changer), et les Etats-Unis et la Russie sont plutôt favorables à la crypto-monnaie mais gardent à l'esprit que les gouvernements peuvent influencer le prix. (Même quand les autres signaux sont positifs).

POUR/CONTRE : Aux Etats-Unis, la crypto-monnaie est légal, réglementé, et lorsqu'elle est détenu pour l'investissement, elle est imposée comme un immeuble de placement. C'est positif. Cela signifie que vous pouvez garder un compte pour chaque métiers, les traiter comme des gains en capital, puis de faire rapport à l'IRS tout comme avec tout investissement en capital. D'un autre côté, les règles exactes sont obscures et cela complique les choses. Par exemple, il n'est pas évident à 100% que les règles de l'échange de biens similaires s'appliquent à la crypto-monnaie. En supposant qu'ils s'appliquent, cela signifie que chaque transaction d'une crypto-monnaie à une autre est un événement taxable par année. Pendant ce temps, s'ils ne s'appliquent pas, vous ne payez pas de taxes sur la crypto-monnaie jusqu'à ce que vous la retiriez de la crypto-monnaie et la convertissiez en dollar américain (ou dépensiez autrement la pièce). C'est loin d'être la seule considération fiscale. Ainsi, il convient d'étudier et de prendre en compte les implications fiscales de la crypto-monnaie avant de faire des investissements dans l'espace de crypto-monnaie. Cela signifie que vous devrez peut-être embaucher un comptable.

Examen final de cet investissement

Si nous sommes dans une bulle, et si cette bulle apparaît, alors après ces crypto-monnaies (en particulier les plus importantes encore debout) deviennent un pari à considérer. La seule raison d'être extrêmement prudent est le prix potentiellement élevé actuel. Si le prix redescend aux niveaux de 2015, le nombre d'avantages augmentera. De même, si le gouvernement favorise la crypto-monnaie au cours de la prochaine année, il aidera à ajouter plus de'avantage à la liste. Les inconnues et les prix élevés et le marché volatile le rendent risqué, mais il y a beaucoup de raisons d'être excité malgré tout cela surtout à long terme.

Chapitre 3

Les types de Crypto-monnaie

Jusqu'à récemment Le monde de la crypto-monnaie a toujours tourné autour du Bitcoin, les monnaies virtuelles jouent maintenant un rôle très important dans le domaine de l'investissement et les gens commencent à se tourner vers les crypto-monnaies plutôt que les monnaies fiduciaires.
Croyez-le ou non, en dehors de Bitcoin, il y a plus de 1300 crypto-monnaies ! Cependant, nous ne discuterons que des 5 devises les plus importantes sur le marché. Les 5 crypto-monnaies sont :

1. Bitcoin 2. Ethereum 3. Litecoin 4. Monero 5. Ripple

Bitcoin

C'est la toute première crypto-monnaie inventée et reste de loin la crypto-monnaie la plus recherchée à ce jour. Bitcoin est connu comme le standard d'or numérique dans le réseau des crypto-monnaies. Comme expliqué dans le module précédent, Bitcoin est le pionnier de la technologie Blockchain qui a rendu possible l'argent numérique.

C'est le tout premier réseau (Peer to Peer) Pair à pair décentralisé alimenté par ses utilisateurs sans autorité centrale ni intermédiaire, ce qui signifie qu'aucun coût inutile n'est inclus dans la transaction d'argent numérique.

Au cours des années d'existence de Bitcoin, sa valeur a considérablement fluctué de zéro à plus de 20 000 $ par bitcoin à ce jour. Son volume de transactions a également atteint 200 000 transactions quotidiennes.

Un avantage majeur qu'il a sur les autres crypto-monnaies est que les bitcoins sont impossibles à contrefaire ou à gonfler. La raison en est qu'il n'y a que 21 millions de bitcoins créés pour l'exploitation minière, ni plus ni moins. Par conséquent, il est prédit par 2140, tous les bitcoins seront déjà exploités.

Grâce à sa technologie blockchain, vous avez un contrôle absolu sur votre argent et vos transactions sans passer par une tierce partie telle que la banque ou PayPal.

Les transactions Bitcoin sont également impossibles à annuler. Par conséquent, vous ne devriez traiter avec des parties de confiance que Bitcoin est également utilisé comme un moyen de cyber-criminalité comme Dark Net Market ou ransomware.

Les sociétés de médias et d'investissement en Corée du Sud, en Inde, en Australie et au Japon ont commencé à discuter de la manière dont le Bitcoin pourrait dépasser la valeur de certaines monnaies papier à l'avenir en tant que système monétaire alternatif.

ABC News, un service de nouvelles national en Australie a également rapporté récemment qu'il est probable que le Bitcoin remplacera même le dollar américain au cours des 10 prochaines années s'il maintient sa croissance exponentielle actuelle.

Ethereum
Créé par Vitalik Buterin, il s'est classé deuxième dans la hiérarchie des crypto-monnaies. Cette monnaie numérique lancée en 2015 devrait dépasser Bitcoin et pourrait être la crypto-monnaie du futur. Ethereum vaut actuellement 279 $ depuis son lancement.

Est-ce que Ethereum est similaire au Bitcoin?

En quelque sorte, mais pas vraiment. Comme le Bitcoin, l'Ethereum fait partie d'un réseau blockchain. La principale différence entre les deux devises est que le Bitcoin blockchain se concentre sur le suivi de la propriété de la monnaie numérique alors qu'Etherheum blockchain se concentre sur l'exécution du code de programmation ou du réseau.

Au lieu d'avoir à construire une blockchain entièrement originale pour chaque nouvelle application, l'Ethereum permet le développement de milliers d'applications différentes sur une même plateforme. Dans la blockchain Ethereum, les mineurs travaillent pour gagner de l'éther. Ether est un jeton crypto qui aide à faire fonctionner le réseau.

Une autre utilisation de la blockchain Ethereum est sa capacité à décentraliser les services centralisés. Par exemple, l'Ethereum est capable de décentraliser des services comme des prêts fournis par des banques, des transactions en ligne en utilisant Paypal ainsi que des systèmes de vote et bien plus encore.

L'Ethereum peut également être utilisé pour construire une Organisation Autonome Décentralisée (DAO). Un DAO est une organisation entièrement autonome sans leader. Les DAO sont gérés par des codes de programmation sur une collection de contrats intelligents écrits dans la blockchain Ethereum. Un DAO est conçu pour remplacer la structure d'une organisation traditionnelle et comme Bitcoin, en éliminant le besoin de personnes et un contrôle centralisé.

Quels sont les avantages les plus évidents d'Ethereum?

Premièrement, une tierce personne ne peut apporter aucune modification aux données. Le système est également infalsifiable et à l'épreuve de la corruption.

En effet, Ethereum est construit sur la base d'un réseau formé autour d'un consensus, rendant la censure impossible.

Deuxièmement, tout comme le Bitcoin, l'Ethereum est soutenu par une cryptographie sécurisée. Par conséquent, les applications sont bien protégées contre toute forme de piratage.

Litecoin

Lorsque la monnaie a été lancée en 2011, elle aspirait à être « l'argent » du Bitcoin considéré comme « l'or ». Litecoin a également enregistré la plus haute capitalisation boursière de toute autre crypto-monnaie minée, après Bitcoin après son lancement.

La principale raison de la création du Litecoin est de compenser ce qui manquait à Bitcoin. La principale différence entre le Litecoin et le Bitcoin est le temps de 2,5 minutes pour générer un bloc pour le Litecoin, par opposition aux 10 minutes de Bitcoin.

Pour les mineurs et les experts techniques, le Litecoin possède une différence très importante par rapport à Bitcoin, et c'est un algorithme de travail amélioré qui accélère la puissance et le système de hachage.

L'un des plus grands avantages que le Litecoin possède est qu'il peut gérer un plus grand volume de transactions grâce à son algorithme. Le temps de blocage plus rapide empêche également les attaques à double dépense.

Alors que le Litecoin n'a pas réussi à sécuriser et maintenir sa deuxième place après le Bitcoin, elle est activement exploitée et négociée et est achetée par les investisseurs en tant qu'alternative dans la mesure où le Bitcoin échoue.

Monero

Cette devise numérique a été lancée en 2014 et son objectif principal était de créer un algorithme pour ajouter les fonctionnalités de confidentialité manquantes dans Bitcoin. Monero a inventé un système connu sous le nom de «signatures de sonnerie» pour dissimuler l'identité de ses expéditeurs et destinataires.

Les signatures en anneau combinent les clés de compte privé d'un utilisateur avec des clés publiques obtenues à partir de la chaîne de blocs de Monero pour créer une liste de signataires possibles qui ne permettraient pas à des tiers de lier une signature à un utilisateur spécifique.

Si les utilisateurs de Monero ont la possibilité de garder leurs transactions privées, ils peuvent également partager leurs informations de manière sélective. Chaque compte Monero a une "clé de vue", ce qui permet à quiconque le détient de voir les transactions du compte.

Initialement, le système de signature en anneau a caché les expéditeurs et les destinataires impliqués dans les transactions Monero sans cacher le montant transféré. Cependant, une version mise à jour et améliorée du système de signature en anneau appelée «Ring CT» a permis de masquer la valeur des transactions individuelles ainsi que de leurs destinataires.

En dehors des signatures en anneau, Monero a également amélioré ses paramètres de confidentialité en utilisant des "adresses furtives", qui sont générées de façon aléatoire, une fois les adresses. Ces adresses sont créées pour chaque transaction pour le compte des destinataires.

Avec cette fonctionnalité, les destinataires utilisent une adresse unique et les transactions qu'ils reçoivent vont à des adresses uniques distinctes. De cette façon, les transactions Monero ne peuvent pas être liées à l'adresse publiée des destinataires.

En offrant un haut niveau de confidentialité, Monero permet à chaque unité de sa monnaie d'être échangée entre les uns et les autres. Ce qui signifie que chacune de ses pièces a la même valeur.

Comme les autres crypto-monnaies, Monero propose aux parties intéressées d'exploiter des blocs. Les individus peuvent choisir de rejoindre un pool minier, ou ils peuvent exploiter Monero par eux-mêmes.

Toute personne disposant d'un ordinateur peut exploiter Monero, car elle ne nécessite aucun matériel spécifique ou circuit intégré spécifique tel que Bitcoin. Au lieu de cela, Monero utilise un algorithme de validation de travail (PoW) qui est conçu pour accepter un large éventail de processeurs, une fonctionnalité qui a été incluse pour garantir que l'exploration de données était ouverte à toutes les parties.

Monero a reçu l'acceptation de plusieurs marchés du Dark Web et a généré sa propre base de fans en raison de ses paramètres de confidentialité. Par conséquent, il est moins spéculatif par rapport aux autres devises numériques et les traders achètent Monero comme couverture pour d'autres crypto-monnaies.

Ripple

Ripple est en fait une technologie qui a une double fonction : comme une monnaie numérique ainsi que d'un réseau de paiement numérique pour les transactions financières. Il a été lancé en 2012 et co-fondé par Chris Larsen et Jed McCaleb. La pièce de monnaie de crypto-monnaie sous Ripple est étiquetée comme XRP.

Contrairement aux autres crypto-monnaies, Ripple fonctionne sur une plate-forme décentralisée source ouverte et pair à pair qui permet un transfert d'argent sous toutes ses formes, à la fois monnaie fiduciaire et crypto-monnaie.

Ripple utilise un intermédiaire dans les transactions de devises. L'intermédiaire connu sous le nom de «Getaway» agit comme un lien dans le réseau entre deux parties qui veulent faire une transaction.

La façon dont cela fonctionne est que la passerelle fonctionne comme un crédit intermédiaire qui reçoit et envoie des devises à des adresses publiques via le réseau Ripple. C'est pourquoi Ripple est moins populaire par rapport aux autres devises numériques.

Pièce numérique de Ripple, XRP agit comme un pont pour d'autres monnaies qui comprend à la fois monnaies fiduciaires et crypto-monnaies. Dans le réseau de Ripple, n'importe quelle devise peut être échangée entre les uns et les autres.

Si l'utilisateur X veut que Bitcoins soit le mode de paiement de ses services auprès de Y, alors Y ne doit pas nécessairement posséder des Bitcoins. Vous pouvez payer la passerelle X vers X en utilisant le dollar américain ou toute autre devise. X recevra ensuite des Bitcoins convertis à partir des dollars américains à partir de sa passerelle.

La nature du réseau de Ripple et de ses systèmes expose ses utilisateurs à certains risques. Même si vous êtes en mesure d'échanger des devises, le réseau Ripple ne fonctionne pas avec un système de preuve de travail comme Bitcoin. Au lieu de cela, les transactions dépendent fortement d'un protocole de consensus afin de valider les soldes de comptes et les transactions sur le système.

Mais Ripple améliore certaines caractéristiques des banques traditionnelles. A savoir, les transactions sont effectuées en quelques secondes sur un réseau Ripple même si le système gère fréquemment des millions de transactions.

Contrairement aux banques traditionnelles, même un virement bancaire peut prendre des jours ou des semaines pour se terminer. Les frais pour effectuer des transactions sur Ripple sont également très minimes, contrairement aux frais importants facturés par les banques pour effectuer des paiements.

Chapitre 4

Le premier pas : Comment ouvrir un compte est pour investir et réunir des crypto-monnaie

Pour commencer à investir dans les crypto-monnaies, la première chose dont vous avez besoin est de configurer votre portefeuille numérique. Dans le domaine de la crypto-monnaie, le terme utilisé est "portefeuille". Le portefeuille peut être assimilé à un compte bancaire, qui peut être stocké dans différents appareils.

Un portefeuille de crypto-monnaie est un logiciel qui fonctionne pour stocker des clés privées ou publiques et celui-ci interagit avec différentes chaînes de blocs.

Il permet aux utilisateurs d'envoyer et de recevoir des crypto-monnaie ainsi que de suivre leur solde.

Vous pouvez choisir parmi de nombreux portefeuilles, qui dépendent tous de vos besoins en matière de sécurité, que vous souhaitiez être un négociateur actif ou un investisseur passif qui achète et garde ses monnaies.

Une fois que vous avez configuré votre portefeuille, vous pouvez procéder à l'achat et à l'échange de la devise numérique de votre choix sur de nombreuses plateformes.

Tout d'abord, explorons les 5 meilleurs portefeuilles où vous puissiez choisir de détenir vos fonds crypto.

Les 5 meilleurs portefeuilles que vous pouvez choisir pour stocker vos crypto-monnaies sont les suivants :

1. Breadwallet.com

2. Blockchain.info

3. MyEtherWallet

4. Portefeuille Jaxx

5. Trezor

Tout d'abord, regardons **breadwallet.com**. Ce portefeuille est idéal pour les débutants Bitcoin car il est très convivial et simple à utiliser. Plus important encore, l'outil est gratuit à utiliser.

Tout ce que vous avez à faire est de télécharger le breadwallet, choisir un mot de passe et vous êtes prêt à recevoir vos devises. Il n'y a pas de noms de connexion ou de mots de passe, pas de clés cryptographiques compliquées ou de configuration de paramètres.

Cependant, l'inconvénient de ce portefeuille est qu'il ne peut être téléchargé sur votre appareil mobile et il n'y a pas d'interfaces web ou de bureau. Il manque également des fonctionnalités et c'est un portefeuille chaud, ce qui signifie qu'il a moins de sécurité et d'autres parties peuvent accéder à vos clés privées plus facilement.

Le deuxième portefeuille est connu comme **Blockchain.info**. CE porte-monnaie Blockchain est uniquement destinée aux bitcoins et est une application mobile pour iOS et Android. Il agit également comme un portefeuille basé sur le Web. La caractéristique la plus remarquable du portefeuille Blockchain est le nouveau canal de paiement pour le réseau Bitcoin, connu sous le nom de "Thunder".

La technologie permet aux utilisateurs d'envoyer et de recevoir des Bitcoins sans toucher à la blockchain principale. Cela se traduit par une transaction très sécurisée et des paiements instantanés.

Le portefeuille Blockchain est gratuit et pour créer votre compte, vous devez vous diriger vers la page principale et vous inscrire à votre compte.

Le troisième portefeuille est connu comme **MyEtherWallet**.

Ce portefeuille s'adresse spécifiquement à la monnaie Ethereum. Ce portefeuille est convivial car il vous permet de créer un nouveau portefeuille sans avoir à télécharger la blockchain car vous pouvez simplement utiliser l'application Web.

MyEtherWallet n'est pas votre portefeuille Web standard. Vous n'avez pas besoin de créer un compte sur leur serveur. Vous créez simplement un portefeuille qui vous appartient, où vous pouvez diffuser vos transactions sur la blockchain via leur nœud complet.

Le portefeuille suivant est **Jaxx Wallet**.

Le plus grand avantage de Jaxx est qu'il prend en charge de nombreuses crypto-monnaie populaire telles que Bitcoin, Ethereum, Litecoin, Dash et bien d'autres. Il est à la fois disponible pour être téléchargé sur l'appareil mobile ou vous pouvez l'ouvrir sur le web.

Il a également l'une des meilleures interface utilisateur que lorsque vous vous connectez au système, vous savez comment naviguer vous-même et c'est assez simple. Ils donnent la priorité à l'expérience utilisateur.

Jaxx a également de très bons paramètres de sécurité et de confidentialité car vos clés privées sont envoyées à votre appareil local et jamais à aucun serveur. Cela signifie simplement que vous avez un accès complet à vos fonds crypto et Jaxx ne détient pas ou n'a accès à aucun de vos fonds.

Cependant, comme le code n'est pas une source ouverte, le système peut parfois être assez lent à charger.

Le dernier mais pas des moindres est **Trezor**.

Trezor est un portefeuille à matériel Bitcoin idéal pour stocker de grandes quantités de Bitcoin. Il est également adapté pour les débutants et très convivial et dispose de très bons paramètres de sécurité et de confidentialité. L'interface Web est facile à utiliser et l'appareil est livré avec un écran intégré. Plus important encore, c'est un logiciel source ouverte. Comme il s'agit d'un appareil très sécuritaire et pratique, le coût est un peu cher à 99 $. Vous devez également avoir un appareil pour envoyer vos bitcoins.

Nous avons déjà discuté des plates-formes où vous pouvez tenir vos crypto-monnaies. Comme mentionné précédemment, les portefeuilles peuvent être stockés dans différents dispositifs.

Il existe 5 types d'appareils sur lesquels vous pouvez télécharger et stocker vos portefeuilles pour stocker vos crypto-monnaies :

1. Bureau
2. Cloud
3. Appareils mobiles
4. Matériel
5. Papier

Tout d'abord, est votre bureau.

Vos portefeuilles peuvent être téléchargés sur un PC ou un ordinateur portable. Ils sont uniquement accessibles à partir de l'ordinateur sur lequel ils sont téléchargés. Il offre une très bonne sécurité mais l'inconvénient est que vous ne pouvez accéder à votre portefeuille sur le bureau et nulle part ailleurs.

Le deuxième inconvénient est lorsque votre PC est attaqué par un virus, le virus peut également affecter votre portefeuille de crypto-monnaie et votre portefeuille peut être piraté. Le virus peut également accéder à vos clés privées et vos fonds.

Deuxièmement, votre portefeuille peut être téléchargé et stocké dans le cloud ou en ligne. Les portefeuilles fonctionnent sur le cloud et sont accessibles à partir de n'importe quel appareil à n'importe quel endroit.

Ils sont très pratiques d'accès contrairement à vos portefeuilles stockés sur le bureau. Cependant, gardez à l'esprit que vos clés privées sont stockées en ligne et que d'autres parties peuvent potentiellement accéder à votre portefeuille facilement.

Le prochain portefeuille est votre portefeuille mobile. Vous pouvez télécharger votre portefeuille sur votre appareil mobile via l'App Store ou Google Playstore et d'autres. Avoir votre porte-monnaie sur votre mobile le rend très pratique car vous y avez accès partout où vous allez.

Beaucoup d'entre eux sont assez sécurisés car ils ont plusieurs accès à la signature ainsi que des fonctionnalités de sauvegarde au cas où vous perdez votre téléphone. De cette façon, vous ne risquez pas de perdre vos fonds de cryptographie car la fonction de sauvegarde a sauvegardé votre clé privée pour déverrouiller votre portefeuille.

Le quatrième portefeuille est votre portefeuille matériel. Un portefeuille matériel signifie que vous stockez vos fonds crypto sur une clé USB ou un disque dur. Bien que les portefeuilles matériels complètent leurs transactions en ligne, ils sont stockés hors ligne, ce qui améliore la sécurité.

La dernière option mais pas des moindres, vous pouvez stocker votre portefeuille sur papier. Les portefeuilles en papier sont des portefeuilles imprimés sur une feuille de papier. Ils sont très faciles à utiliser car vous avez la possibilité de les transporter partout où vous allez, ou vous pouvez même les stocker dans un endroit sûr.

Parce qu'ils sont imprimés, ils offrent un très haut niveau de sécurité. Alors que le terme portefeuille papier peut faire référence à une copie physique ou à une impression de vos clés publique et privée, il peut également se référer à un logiciel utilisé pour générer de manière sécurisée une paire de clés qui sont ensuite imprimées.

Maintenant, cela nous laisse avec une question importante, où devriez-vous stocker votre portefeuille qui contient vos fonds crypto ?

Tout dépend si vous êtes un utilisateur actif ou passif de crypto-monnaie. Pour évaluer quel utilisateur vous êtes, vous devez répondre aux questions suivantes :

1. Avez-vous besoin d'un porte-monnaie pour vos achats quotidiens ou simplement pour acheter et conserver votre monnaie numérique ?
2. Avez-vous l'intention d'utiliser plusieurs devises ou une seule monnaie ?
3. Avez-vous besoin d'accéder à votre portefeuille numérique où que vous soyez, même lorsque vous êtes en déplacement ou seulement à la maison ?

Par exemple, si vous êtes le type d'utilisateur qui dépense constamment vos fonds crypto pour acheter vos nécessités quotidiennes, vous pouvez stocker votre portefeuille sur votre appareil mobile ou sur le cloud.

Toutefois, si vous envisagez d'acheter et de conserver vos devises pour de futurs investissements, il est préférable de stocker votre portefeuille sur un portefeuille de matériel ou de papier.

Une fois que vous avez choisi la meilleure plate-forme pour détenir vos devises, vous pouvez maintenant procéder aux nombreux échanges de devises numériques pour acheter votre crypto-monnaie et démarrer votre investissement !

Il existe 6 méthodes pour gagner plus de crypto-monnaies :

Les 6 méthodes sont :
- Échanges de crypto-monnaie
- Robinets

- Micro-tacher
- Fournir des services liés à Bitcoin
- Devenir un agent d'entiercement Bitcoin
- Marketing d'affiliation Bitcoin

Échanges de Crypto-monnaie pour l'investissement

Tout d'abord, familiarisons-nous avec les échanges de crypto-monnaie. Qu'est-ce que l'échange de crypto-monnaie ? Les échanges de crypto-monnaie sont des sites Web qui vous permettent d'acheter, de vendre et d'échanger des crypto-monnaies pour d'autres devises numériques ou des monnaies fiduciaires comme le dollar américain ou l'euro.

Si vous êtes bien informé au sujet des investissements crypto et que vous avez l'habitude d'effectuer des transactions professionnelles, vous devrez probablement utiliser une plateforme d'échange qui vous oblige à ouvrir un compte et à vérifier votre identité.

Toutefois, si vous êtes relativement nouveau dans le domaine de la crypto-monnaie en tant que débutant, je conseille de commencer avec des plates-formes qui ne vous obligent pas à ouvrir un compte. Ces échanges sont généralement très simples et vous pouvez commencer à négocier de temps en temps jusqu'à ce que vous obteniez le coup de lui.

Il existe 3 types d'échanges de crypto-monnaie :

1. **Plateformes d'échanges**

Ce sont des sites Web qui mettent en relation les acheteurs et les vendeurs lorsqu'ils chargent certains frais pour une transaction complétée.

2. **Echange direct**

Ces plateformes offrent un échange direct de personne à personne. Vous pouvez échanger avec des individus de différents pays ainsi que des devises différentes. La négociation directe n'adhère pas nécessairement au prix du marché, car les particuliers peuvent établir leur propre taux de change.

3. Courtiers

Ce sont des sites Web que tout le monde peut visiter pour acheter des crypto-monnaie. Cependant, le prix est fixé par le courtier. Les courtiers de crypto-monnaie sont similaires aux courtiers de change.

Avant de faire votre première transaction, il est important de prendre note de ces 5 informations clés pour minimiser vos risques et maximiser votre retour sur investissement.

1. Réputation

Avant de commencer votre échange sur votre site sélectionné, assurez-vous que vous avez recueilli suffisamment d'informations sur le site tels que les avis des commerçants professionnels ainsi que des sites Web de l'industrie bien connus. Vous pouvez également rejoindre des forums qui traitent des problèmes de crypto-monnaie tels que Bitcoin Talk ou Reddit.

2. Frais

La plupart des échanges auront des informations sur les frais sur leurs sites Web. Avant de rejoindre un site, assurez-vous d'avoir compris les jargons d'échange. Les frais de dépôt, de transaction et de retrait. Les frais peuvent varier selon l'échange que vous choisissez.

3. Modes de paiement

Prenez note de la méthode de paiement disponible. Le site utilise-t-il une carte de crédit et de débit ? Virement bancaire ? PayPal ? Si un échange particulier a des méthodes de paiement très limitées, il peut ne pas être pratique pour vous. Rappelez-vous toujours que l'achat de devises par carte de crédit exigera toujours une vérification d'identité et il vient avec un prix élevé pour augmenter les mesures de sécurité. Pendant ce temps, l'achat de crypto-monnaie par virement prendra plus de temps, car il faut du temps pour le traitement des banques.

4. Exigences de vérification

La majorité des plateformes de négociation de Bitcoin aux États-Unis et au Royaume-Uni exigent une forme de vérification d'identité pour effectuer des dépôts et des retraits.
Certains échanges vous permettront également de rester anonyme. Gardez à l'esprit que les vérifications

peuvent prendre plusieurs jours, mais cela protège les échanges contre tout type de blanchiment d'argent.

5. Taux d'échange

Ne soyez pas surpris que différents échangeurs offrent des taux différents. Par conséquent, souvenez-vous toujours de magasiner et de ne pas vous contenter immédiatement d'un échange. Cela fait une grande différence sur votre investissement car on sait que les crypto-monnaie varient jusqu'à 10% et même plus dans certaines circonstances.

Comme la crypto-monnaie gagne de plus en plus d'attention dans le monde entier, il existe une vaste gamme de plates-formes d'échange à choisir. Mais toutes les plateformes d'échange ne sont pas égales. Ce sont les 5 plateformes d'échange les plus visitées, sans ordre particulier.

1. Coinbase 2. Kraken 3 Cex.io 4.ShapeShift 5. Poloniex

Premièrement, il y a **Coinbase**.

Coinbase est l'une des plateformes d'échange les plus populaires à ce jour. Il est utilisé par des investisseurs de confiance et des millions d'investisseurs dans le monde entier. Cette plate-forme est conviviale car elle vous permet d'acheter, d'utiliser, de stocker et d'échanger des devises numériques en toute sécurité.

La plate-forme vous permet d'échanger des devises comme Bitcoin, Ethereum, et récemment, Litecoin. Ils ont également un portefeuille numérique disponible sur iPhone et Android.

Toutefois, la sélection des devises négociables dépend du pays dans lequel vous vivez. Actuellement, Coinbase n'autorise que les transactions aux États-Unis, en Europe, au Royaume-Uni, au Canada, en

Australie et à Singapour. Le mode de paiement est également limité. Les cartes de crédit / débit et PayPal. Pour commencer, tout ce que vous devez faire est de vous inscrire à votre compte et vous êtes prêt à partir !

La deuxième plate-forme : **Kraken**.

Kraken est la plus grande bourse Bitcoin en volume et en liquidité en euro et est le premier partenaire de la banque de crypto-monnaie. Kraken permet l'échange de Bitcoins, où vous pouvez également échanger des Bitcoins et des euros, des dollars américains, des dollars canadiens, des livres britanniques et des yens japonais.

Kraken permet également le commerce d'autres monnaies numériques telles que Ethereum, Monero, Ethereum Classic, jetons Augur REP, Litecoin, ICONOMI, Zcash et bien d'autres.

Kraken s'adresse également aux utilisateurs plus expérimentés où il offre des opérations de marge et d'autres fonctionnalités de trading avancées. Du point de vue des coûts, Kraken a des taux de change très corrects, des frais de transaction bas ainsi que des frais de dépôt minimes.

Cependant, comme Coinbase, les méthodes de paiement sont également très limitées. Kraken est également plus approprié pour les traders et les investisseurs avancés et il peut être un peu difficile pour les nouveaux venus car il a une interface utilisateur non intuitive.

Pour ouvrir un compte de base pour commencer à trader, vous devez vous inscrire pour votre compte sur leur page principale où il nécessite vos informations personnelles. Un compte plus avancé exige en outre une pièce d'identité émise par le gouvernement et une preuve de résidence.

La troisième plate-forme d'échange est **Cex.io**. Cette plate-forme permet à ses utilisateurs de facilement échanger de la monnaie fiduciaire avec les crypto-monnaie et vice versa. Pour les tradeurs cherchant à échanger des Bitcoins professionnellement, la plate-forme offre des tableaux de bord de trading personnalisés et conviviaux ainsi qu'un trading sur marge.

CEX propose également un service de courtage qui fournit aux traders inexpérimentés un moyen très simple d'acheter des Bitcoins en fonction du taux du marché. CEX est un produit mobile très pratique où il est pris en charge dans le monde entier et dont le taux de change est très correct. Cependant, le dépôt de devises sur votre compte est assez cher.

Pour commencer votre trading sur CEX, vous devez vous diriger vers la page principale et vous inscrire à votre compte.

ShapeShift

ShapeShift est conçu pour les utilisateurs qui souhaitent effectuer des transactions simples et instantanées sans s'inscrire pour un compte ou en s'appuyant sur une plate-forme pour détenir vos fonds.

Il prend également en charge l'échange de plusieurs crypto-monnaie, y compris Bitcoin, Ethereum, Monero, Zcash et bien d'autres. Cependant, il ne permet pas l'échange de devises fiat avec des crypto-monnaie et les méthodes de paiement sont très limitées car les utilisateurs ne sont pas autorisés à acheter leurs devises numériques avec des cartes de débit / crédit ou tout autre système de paiement. Les paiements doivent être effectués via crypto-monnaies seulement.

Dernier point mais non le moindre, **Poloniex**. Cette plate-forme offre un environnement de négociation sécurisé avec plus de 100 paires de crypto-monnaie Bitcoin différentes et des fonctionnalités avancées pour les investisseurs professionnels.

Poloniex a un barème de frais pour tous ses tradeurs. Par conséquent, les frais facturés varient selon que vous êtes un fabricant ou un preneur. Les fabricants sont des commerçants qui affichent leurs commandes sur l'ordre avant le commerce. Les preneurs sont des utilisateurs qui "prennent" la commande des fabricants.

Pour les fabricants, leurs frais varient de 0 à 0,15% selon le montant échangé. Pour les preneurs, les frais varient de 0,10 à 0,25%. La raison pour laquelle les frais varient est parce que le modèle faiseur-preneur encourage la liquidité du marché en récompensant les fabricants de cette liquidité avec une réduction de frais.

Pour commencer à trader, vous devez créer un compte sur la page principale de Poloniex.

Pour commencer à investir, vous devez d'abord posséder un portefeuille numérique. Ensuite, faites le tour des plateformes d'échange appropriées en fonction de vos préférences. Le principal facteur à prendre en compte avant de commencer votre investissement est de reconnaître si vous êtes un utilisateur actif ou passif de la crypto-monnaie ; êtes-vous dedans pour le court terme, ou le long terme ?

La deuxième méthode pour gagner des Bitcoins est à travers "Robinets"

Quels sont les robinets ?

Les robinets sont des sites web qui distribuent régulièrement des Bitcoins. Ils peuvent donner des Bitcoins toutes les minutes, toutes les 10 minutes, toutes les heures ou une fois par semaine.

Tout ce que vous devez faire est de vous inscrire sur les sites Web en utilisant votre adresse Bitcoin et parfois votre e-mail. Et si vous êtes sélectionné, vous obtenez les Bitcoins.

Cependant, un inconvénient de cette méthode est que la quantité de Bitcoin donnée n'est pas autant, et parfois le plus que vous obtenez est 0.00288BTC, ce qui équivaut à 1,31 $. Mais encore, qui voudrait vous donner des Bitcoins gratuitement ? Et en regardant à quel point le marché de la crypto-monnaie est volatile, il vaut vraiment la peine d'essayer !
Certains des populaires robinets que vous pouvez essayer de vous inscrire pour gagner vos Bitcoins sont :

- Bitcoin Zebra
- Moon Bitcoin
- Weekend Bitcoin
- Milli

La troisième méthode pour gagner votre Bitcoin est par **micro-tâches**.

Les micro-tâches sont des sites Web qui payent leurs utilisateurs en utilisant Bitcoins pour effectuer des tâches telles que remplir des sondages, regarder des vidéos et s'inscrire à de nouveaux services.

Vous pouvez vous inscrire gratuitement et toutes les tâches peuvent être effectuées dans votre propre temps ! Coinworker est un exemple de site de micro-tâches. Ensuite, vous pouvez gagner Bitcoin en offrant des services liés à Bitcoin. Peu de gens savent que vous pouvez être payé avec Bitcoin au lieu de monnaie Fiduciaire pour offrir des services liés à Bitcoin.

Si vous voulez avoir une idée des services que vous pourriez offrir, vous pouvez visiter Coinality, un site qui donne des mises à jour sur les emplois Bitcoin mis en ligne.

Vous pouvez également visiter BitcoinTalk, un forum qui traite d'un large éventail de sujets de crypto-monnaie, y compris un thread de services où les utilisateurs recherchent des fournisseurs de services Bitcoin.

Voici quelques exemples de services que les gens recherchent:

• Développeur Blockchain

• Gestionnaire de site Web

• Graphiste

• Mineur expert

- Marketing en ligne
- Écrit pour les blogs de crypto-monnaie et les sites d'actualités

La cinquième méthode pour vous permettre de gagner plus de Bitcoin est en devenant un **agent fiducier Bitcoin** .

Qu'est-ce qu'un agent fiducier Bitcoin?
Un agent gère le service d'entiercement tiers d'une transaction Bitcoin. Les agents fiduciers Bitcoin deviennent de plus en plus courants, car l'entiercement protège les utilisateurs contre les acheteurs frauduleux en exigeant que le Bitcoin soit déposé immédiatement.
Habituellement, les transactions Bitcoin sont des échanges anonymes qui impliquent des parties non fiables.

Dans un cas où les vendeurs s'avèrent être des escrocs, l'agent fiduciaire agira en tant qu'arbitre et déterminera qui recevra les Bitcoins.

Beaucoup de marché de Bitcoin fournissent des services d'entiercement, tels que LocalBitcoins, CryptoThrift et BitPremier.

Pour être un agent fiducier, vous devez construire votre réputation en tant que parti de confiance dans la communauté.

Last but not least est de s'impliquer dans le marketing d'affiliation Bitcoin.

Pour ceux qui ne sont pas familiers avec le marketing d'affiliation, l'idée est de promouvoir le produit de quelqu'un d'autre et ils vous versent un pourcentage du bénéfice basé sur les ventes que vous faites.

Illustrons un exemple. Disons que vous décidez de promouvoir TREZOR, un portefeuille de crypto-monnaie matérielle. Si une personne décide d'acheter

TREZOR et que les clients viennent de votre site, vous recevez une commission pour cela.

Et la meilleure chose est, vous gagnez vos commissions dans Bitcoin où les commerçants d'affiliation Bitcoin précédents ont rapporté des valeurs raisonnables de Bitcoin étant payé pour eux. J'ai déjà listé les méthodes possibles pour gagner vos Bitcoins. Rappelez-vous toujours quelle que soit la méthode que vous choisissez de vous lancer, il n'y a pas d'argent facile. Si gagner des Bitcoins était si facile, tout le monde l'aurait déjà fait.

Gardez votre Crypto-monnaie en sécurité : portefeuilles chaud vs portefeuilles froid

Il existe essentiellement deux types génériques de portefeuilles pour garder votre crypto-monnaies en sécurité. Il y a des portefeuilles froids et des portefeuilles chauds. Permettez-moi de vous expliquer les avantages et les inconvénients de chaque type de portefeuille afin que vous puissiez prendre une décision éclairée lors de votre choix du portefeuille.

Les portefeuilles chauds

Les portefeuilles chauds sont appelés chauds parce qu'ils sont connectés à Internet, ce qui signifie généralement qu'il est plus facile pour les hackers de pirater et de vous subtiliser votre précieux argent. Les exemples de portefeuilles chauds comprennent ceux qui sont gratuits sur vos sites d'échange de bitcoin favori comme Coinbase ou Kraken, et les portefeuilles d'applications mobiles.

Les portefeuilles de bureau sont une autre forme de portefeuilles chaud, surtout si vous l'installez sur un système connecté à Internet. Cependant, vous avez le contrôle sur vos données privées, et vous pouvez crypter votre portefeuille pour éviter les tentatives de piratage. Le seul inconvénient des portefeuilles de bureau est que si votre ordinateur est détruit ou volé, vous pouvez à peu près dire au revoir à vos bitcoins.

Il y a eu de nombreux cas de vol dans des portefeuilles chauds. Certains hackers ont même réussi à voler des millions de dollars de bitcoins ! Les portefeuilles chauds sont parfaits pour stocker de petites quantités et effectuer de rapides transactions. Mais si vous avez un nombre assez important de bitcoins, alors il est alors préférable de les déplacer vers un stockage hors ligne ou des portefeuilles froids.

Les portefeuilles froids

Les portefeuilles froids sont la méthode de stockage préférée des personnes ayant une quantité significative de bitcoins. Des exemples de portefeuilles froids comprennent des portefeuilles papier et des portefeuilles matériel. Les portefeuilles papier peuvent sembler un peu drôles au premier abord, car nous parlons de stocker des devises numériques ici, mais c'est précisément pourquoi c'est l'un des meilleurs types de portefeuille pour le stockage à long terme ! Avec des portefeuilles papier, il n'y a aucune chance que quelqu'un pirate quoi que ce soit sur papier. L'inconvénient est qu'il peut être volé, ou il peut être brûlé ou détruit. Pour garder votre portefeuille papier en sécurité, pensez à le mettre dans un lieu sûr comme un coffre-fort.

Le deuxième type de portefeuille froid est le portefeuille matériel. Il s'agit d'un dispositif physique hors-ligne qui ressemble à une clé USB que vous pouvez brancher à votre ordinateur lorsque vous devez effectuer une transaction. Il existe trois principales marques qui sont très populaires parmi les propriétaires de crypto-monnaies. Ce sont Trezor, Ledger Nano et KeepKey. Tous les trois vous coûtera de l'argent mais ils vous aideront à garder votre trésor virtuel en toute sécurité.

Chapitre 5

Des stratégies pour investir

Investir dans les crypto-monnaies comporte ses propres risques ainsi que des récompenses. Par conséquent, vous devez investir stratégiquement afin de maximiser votre retour sur investissement et minimiser vos risques. Il existe des stratégies spécifiques que vous devez adopter pour garantir un investissement rentable dans la crypto-monnaie et la construction de votre portefeuille.

Il existe 5 stratégies, qui peuvent vous être utiles, surtout si vous êtes relativement nouveau dans le domaine de la crypto-monnaie.

1. Comprendre l'ensemble du concept de crypto-monnaie

2. Espionner sur le marché

3. Investir dans plus d'une monnaie

4. Commencez petit et misez grand

5. Diversifiez votre investissement

Premièrement, il est important que vous compreniez tout le concept de crypto-monnaie.

Gardez toujours à l'esprit que vous n'investissez pas simplement dans quelque chose dont vous n'êtes pas sûr et incertain. N'y sautez pas les yeux fermés et ne suivez pas ce que les autres font juste parce que vous craignez de manquer une opportunité. Par exemple, beaucoup de gens voient leurs pairs investir dans des propriétés et ils emboîtent le pas dans l'espoir de générer des millions sans même mener des recherches antérieures.

Par conséquent, la première chose que vous devez faire est d'étudier le terrain. Ceux-ci sont les points importants à prendre en compte avant de débuter votre investissement :

• Qu'est-ce que la crypto-monnaie ?

• Qu'est-ce que la technologie Blockchain ?

• Qu'est-ce que le Bitcoin ?

• Quelles sont les autres devises numériques populaires ?

• Quelles sont les limites du marché de la crypto-monnaie ?

• Comment pourriez-vous démarrer vos propres échanges de crypto-monnaie ?

• Où pouvez-vous faire des échanges de crypto-monnaie ?

Prenez votre temps pour comprendre en détail le domaine de la crypto-monnaie et ne précipitez pas le processus. Cela peut prendre des semaines voire des mois pour digérer toutes les informations mais cette étape est impérative pour vous afin que vous puissiez être au sommet et être un expert dans le domaine. De cette façon, il y a une très faible chance que vous gaspillez vos ressources vues que vous serez familier avec cette industrie de la crypto-monnaie. La deuxième stratégie pour investir est d'espionner le marché. Qu'est-ce que l'espionnage du marché signifie ? Espionner le marché signifie que vous observez la tendance actuelle du marché de la crypto-monnaie. Ce que vous voulez spécifiquement regarder sont :

• Quelle est la devise la plus recherchée ?

• Quelle est la valeur de la monnaie ?

• Quelle devise a la capitalisation boursière la plus élevée ?

• Devriez-vous acheter et conserver la devise pour de futurs investissements ?

Rappelez-vous toujours que le marché de la crypto-monnaie est très volatile et que les valeurs fluctuent de temps en temps. Les valeurs dépendent généralement d'un grand nombre de facteurs tels que les spéculateurs, la demande du marché, la demande d'offre et les différentes institutions manipulant les prix.

Mon conseil serait de faire le tour et ne vous contentez pas immédiatement d'une crypto-monnaie spécifique simplement parce qu'elle a une grande valeur ou la popularité la plus élevée en ce moment.

Par exemple, la monnaie la plus recherchée actuellement est le Bitcoin, mais de nombreux traders et investisseurs professionnels ont prédit qu'Ethereum pourrait dépasser le Bitcoin et devenir la monnaie du futur dans les années à venir. Par conséquent, il faut toujours espionner le marché et analyser les informations. La prochaine stratégie consiste à investir dans plus d'une crypto-monnaie.

Il n'est pas judicieux d'investir tout votre argent dans une seule monnaie numérique. Un portefeuille bien équilibré minimise vos risques, car lorsque vous perdez sur une crypto-monnaie que vous possédez, vous pouvez toujours gagner avec les autres que vous avez.

Si vous décidez d'investir dans une seule monnaie, par exemple Litecoin, que se passera-t-il si la monnaie entière s'effondre ? Vous perdrez tout l'argent que vous avez investi en une fraction de seconde sans aucune chance de le récupéré.

Par conséquent, il faut toujours investir dans 2 devises ou plus. Espionnez constamment le marché et choisissez la devise que vous préférez.

La quatrième stratégie est de commencer à petite échelle et de miser gros au fur à mesure.

Beaucoup de gens supposent que vous devenez instantanément riche lorsque vous investissez dans la crypto-monnaie. Toutefois, cela n'est pas tout le temps le cas. Vous ne devenez pas simplement riche une fois que vous choisissez d'investir dans la crypto-monnaie. Il y a une stratégie et une courbe d'apprentissage pour atteindre vos objectifs.

Par conséquent, n'oubliez pas de toujours commencer petit, surtout pour ceux qui ont un faible gout pour le risque. Comme mentionné dans les chapitres précédents, les valeurs des crypto-monnaies sont de nature très volatile car elles dépendent de nombreux facteurs. Les valeurs fluctuent encore plus dans cette saison de crypto-monnaie où beaucoup de gens commencent à échanger des devises numériques.

Pour les débutants, la règle générale est de commencer à investir 500 $ dans vos crypto-monnaies. Vous ne devez pas nécessairement commencer à investir des milliers ! Maintenant que vous avez vos 500 $, comment divisez-vous l'argent et quelle monnaie commencez-vous à acheter en premier ?

Tout d'abord, n'oubliez pas de vous connecter à votre porte-monnaie numérique, et de déposer votre monnaie-fiat et d'acheter les 2 meilleures crypto-monnaies : Bitcoin et Ethereum.

La raison pour laquelle nous sélectionnons les 2 est le fait qu'ils sont les plus sûrs et populaire par rapport aux autres devises. Ils sont sujets à des fluctuations, mais pas autant pour l'instant.

Donc, vous divisez les 500 $, et achetez 250 $ de Bitcoin et 250 $ d'Ethereum. C'est une façon intelligente de le faire et s'il y a des chances que vous perdiez l'un de vos fonds, le risque en vaut toujours la peine.

Une fois que vous avez compris, vous pouvez augmenter votre investissement en achetant vos crypto-monnaies à une valeur plus élevée.

Enfin, vous devez diversifier votre investissement.

Une fois que vous avez terminé toutes les étapes de 1 à 4, ce qui signifie que vous connaissez le domaine de la crypto-monnaie, vous pouvez réaffecter vos fonds en fonction du marché des devises numériques.

Lorsque vous auriez commencé à négocier et à investir, vous remarquerez avec le temps que certaines devises seront plus profitables que d'autres.

Par exemple, vous avez observé le marché du Bitcoin et il a augmenté alors qu'Ethereum a baissé, vous pouvez faire glisser vos fonds sur le marché des devises plus élevé. Cela signifie que vous pouvez jouer en fonction des tendances du marché actuel et réaffecter constamment votre argent.

Quand vous aurez compris, vous réaliserez que votre investissement augmentera de 500 $ à 1000 $, passant de 1000 $ à possiblement 100 000 $! Rappelez-vous toujours de faire votre part pour en savoir plus sur le marché de la crypto-monnaie, car il y a toujours quelque chose de nouveau à regarder. Soyez stratégique dans vos investissements et investissez seulement dans ce que vous savez !

La méthode de calcul de la moyenne des coûts en dollars

Cette stratégie est la meilleure pour les débutants dans le monde de l'investissement, car vous n'avez pas besoin de vous inquiéter d'entrer sur le marché au bon moment.

Vous n'avez pas à vous stresser en attendant que le prix de la crypto-monnaie diminue ; Au lieu de cela, vous achetez juste à intervalles réguliers pour répartir le risque et conserver / stocker vos bitcoins dans un portefeuille froid et sécurisé (comme un portefeuille papier ou un portefeuille matériel).

Par exemple, si vous avez 100 $ de plus à dépenser chaque semaine, vous pouvez acheter des bitcoins chaque semaine. Certaines semaines, vos 100 $ vous permettrons d'acheter plus de bitcoins, et d'autres semaines, le même montant vous en achètera moins.

Cette méthode vous donne la tranquillité d'esprit parce que vous n'avez pas à vous soucier des baisses dans le prix du bitcoin.

Vous devez juste être assez discipliné pour suivre votre calendrier régulier et acheter quand vous devez acheter sans regarder les diagrammes des prix des crypto-monnaies. Vous n'attendez pas que le prix baisse, juste parce que vous voyez une tendance à la baisse sur les graphiques, vous devez vous lancer et achetez votre crypto-monnaie.

Avec la méthode de calcul de la moyenne des coûts en dollars, vos bénéfices seront également dans la moyenne lorsque vous déciderez de vendre votre crypto-monnaie. Les profits pourraient ne pas se rapprocher de ceux investi en utilisant la méthode de la somme forfaitaire, mais si vous vendez au bon moment (lorsque le cours est élevé), vous réaliserez tout de même un bénéfice signifiant sur votre investissement.

La méthode d'investissement forfaitaire

La méthode de la somme forfaitaire est une méthode beaucoup plus risquée d'investir dans la crypto-monnaie, car vous allez acheter votre crypto-monnaie à un prix fix.

Si vous avez 100 000 $ à investir, vous devrez, bien sûr, acheter le plus grand nombre de bitcoins, alors vous attendez que le prix baisse.

Pour maximiser votre investissement, vous serez obligé d'attendre le prix le plus bas possible avant d'acheter vos bitcoins.

Cette méthode signifie que vous devrez « surveiller » le marché, de sorte que vous achetez au bon moment. Bien sûr, cela est plus facile à dire qu'à faire avec une devise volatile comme le Bitcoin. Le prix varie tellement qu'il est extrêmement difficile de prédire quand la prochaine baisse des prix surviendra pour que vous puissiez l'acheter a un prix très bas.

Essayer de surveiller le marché peut causer beaucoup de maux de tête et de stress à un investisseur inexpérimenté. Cela provoque beaucoup de « Cogitations », tels que :

« Et si j'attendais encore quelques heures, le prix baisserait peut-être, et je serais en mesure d'acheter plus de bitcoins alors. » Ou « Et si le prix ne descend jamais au prix auquel je veux acheter des bitcoins, je ne pourrai jamais acheter de bitcoins.

Quand il s'agit de vendre votre investissement forfaitaire à l'avenir, vous aurez peut-être du mal à vendre aussi parce que vous attendrez de vendre au bon moment pour que vous puissiez réaliser le plus de profits.

Vous essayerez de prédire le prix le plus élevé, et vous vous réprimanderez si vous vendez trop tôt et perdrez la possibilité d'un profit beaucoup plus grand.

La bonne chose avec la méthode d'investissement forfaitaire est que si vous parvenez à acheter au prix le plus bas possible et à vendre au prix le plus élevé possible, vous réaliserez un bénéfice beaucoup plus important que si vous investissiez des bitcoins en utilisant la méthode de calcul de la moyenne des coûts en dollars.

La Méthode de fonds spéculatifs de crypto-monnaie

Si vous ne voulez pas vous perturber à apprendre les bases de l'investissement en utilisant soit la méthode de la moyenne des coûts en dollars ou la méthode de la somme forfaitaire, vous feriez mieux d'investir votre argent dans un fonds spéculatifs de crypto-monnaie. Cependant, cette option est la mieux adaptée pour les personnes qui peuvent se permettre de payer des frais onéreux de gestion et de performances.

Les frais de gestion sont payés d'avance ; certains fonds exigent des frais de gestion de 2%, donc si vous investissez 100 000 $, 2 000 $ iront aux frais de gestion, ce qui signifie que seulement 98 000 $ seront investis dans la crypto-monnaie.

En outre, votre gestionnaire de fonds obtiendra un pourcentage de vos bénéfices. Certains gestionnaires exigent des frais de rendement de 20%, donc si votre profit est de 50 000 $, 10 000 $ de ce montant seront versés à titre de prime d'encouragement.

La méthode des fonds spéculatifs peut ne pas convenir à tout le monde, mais si vous regardez au-delà des frais, vous envisagerez au moins une approche non interventionniste qui pourrait s'avérer très rentable pour vous et votre gestionnaire de fonds.

L'état d'esprit à avoir pour réussir ses investissements dans la crypto-monnaie

Investir dans crypto-monnaie est similaire à investir dans des actions. Les deux sont des investissements à haut risque et à haute récompense qui, sans aucun doute, n'est pas adapté pour tout le monde.

Le Bitcoin est encore plus volatile que les actions, donc si vous voulez investir dans cette crypto-monnaie ou toute autre crypto-monnaie d'ailleurs, vous devez connaître les stratégies suivantes pour réussir.

Avoir un plan solide en place

N'investissez pas aveuglément et n'investissez pas simplement parce que tout le monde que vous connaissez ont acheté des bitcoins. Lorsque vous investissez, vous devez avoir mis en place un bon plan solide dans lequel vous aurez tracer votre point d'entrée et votre point de sortie.

Votre plan devra être conforme à la méthode de placement que vous choisirez de suivre. Donc, si vous choisissez la méthode de la moyenne des coûts en dollars, vous devez avoir un plan solide qui comporte la somme et le nombre de fois que vous allez acheter des bitcoins.

Pour l'investissement forfaitaire, vous devez savoir à l'avance à quel prix vous achèterez vos bitcoins et l'acheté à ce prix (n'attendez pas qu'il baisse). Pour investir dans des fonds spéculatifs, vous devez tenir compte des frais que vous devez payer et connaître le meilleur moment pour investir.

Etre prêt aux fluctuations

C'est la stratégie numéro un que vous devez maîtriser. Tout le monde sait que le Bitcoin est un investissement très volatile avec des prix qui montent et descendent de centaines de dollars en quelques minutes. Vous devez réussir à vous convaincre que vous savez déjà que cela va être volatile parce que vous avez vu les tendances et les graphiques, aussi que vous vous êtes entrainer dans une démo d'un compte d'échange de bitcoins.

Vous devez vous convaincre que vous pouvez gérer le risque. Mais quand vous avez des milliers de vrais dollars en jeu, c'est un scénario très différent. Surtout si vous avez travaillé dur pour obtenir ces dollars ! Vous pourriez avoir travaillé pour cela pendant des mois ou des années, et il y a de réelles chances que vous puissiez tout perdre en quelques minutes.

La meilleure chose que vous pouvez faire est de ne pas être stresser par les fluctuations. Faites juste une activité qui vous aidera à vous détendre et à garder votre esprit loin des bitcoins parce que si vous ne le faites pas, vous pouvez littéralement devenir fou. Investir dans les bitcoins c'est comme faire un tour de montagnes russes ; vous devez rester accroché jusqu'au bout.

Restez calme et paniquez pas

Dire cela aux investisseurs paniqués est très facile, mais quand vous êtes celui qui panique, c'est un sentiment complètement différent. La pensée de milliers de dollars par la fenêtre est suffisante peut causer littéralement une dépression nerveuse qui conduirait, bien sûr, à des décisions irrationnelles.

Si vous ne réfléchissez pas clairement, vous pourriez penser à réduire vos pertes tout de suite sans penser à ce qui se passera à long terme. Si vous jouiez bien vos cartes, vos bitcoins vaudraient bien plus que lorsque vous les payiez. Mais vous ne l'expérimenterez jamais si vous paniquez et vendez tôt vos bitcoins.

Garder la perspective

Investir dans la crypto-monnaie est une activité financière à long terme. C'est différent de la négociation au jour le jour qui implique beaucoup plus d'analyse technique afin qu'un trader puisse faire un bon bénéfice. Lorsque vous investissez dans le Bitcoin, portez votre attention qu'aux représentations globales des graphiques des prix du bitcoin. Ne vous embêtez pas à regarder les graphiques quotidiens, hebdomadaires ou mensuels, car cela ne vous apportera que du stress.

Regardez à quel point les taux du bitcoin ont variés. De littéralement quelques centimes quand il a commencé à des milliers de dollars maintenant. Et les experts disent que la tendance à la hausse se poursuivra pendant de nombreuses années à venir, donc si vous réussissez à surmonter les hauts et les bas du bitcoin, vous vous retrouverez avec un très bon retour sur d'investissement dans quelques années.

Ne dépensez pas ce que vous ne pouvez pas perdre

C'est probablement le conseil le plus important que vous devez noter. Vous savez déjà que l'investissement dans des crypto-monnaies hautement volatiles peut vous rendre incroyablement riche ou en faillite. Mais cela peut ne pas être ces deux extrêmes.

Vous n'avez pas à investir toute votre fortune ou vos économies de toute une vie dans des Bitcoins ou toute autre crypto-monnaie !

La chose la plus prudente que vous pouvez faire est d'investir seulement ce que vous pouvez vous permettre de perdre. Cela signifie ne pas dépenser de l'argent que vous ne pouvez pas vous permettre de perdre.

Que vous choisissiez d'investir en utilisant la méthode de la moyenne des coûts en dollars, la méthode de placement forfaitaire, ou peut-être même d'investir dans des fonds spéculatifs de crypto-monnaie, n'utilisez pas l'argent qui doit être utilisé ailleurs.

Si vous avez de l'argent mis de côté pour votre retraite, un fonds de santé, un fonds d'urgence, ou peut-être même l'argent de vos enfants pour l'université, ne pensez même pas à toucher ces fonds. Tant de familles se sont brisés à cause de mauvaises décisions financières et ont dépensé des fonds aussi importants pour des investissements risqués.

Si vous avez fait quelque chose de similaire dans le passé et que vous avez réussi à vous en sortir, c'est-àdire que vous avez fait des profits, alors ne soyez pas arrogant et continuer à croire que vous pourrez faire de même avec la crypto-monnaie. C'est un monde totalement différent, pour ainsi dire. C'est le Far West des investissements en ce moment, et vous ne voulez pas perdre votre argent durement gagné.

La patience et la discipline sont les clés du succès

Investir dans la crypto-monnaie est un investissement à long terme. Vous devez être patient lorsque le prix de la crypto-monnaie baisse, et votre investissement avec lui. Si vous avez regardé les tendances du bitcoin, vous verrez que la tendance est à la hausse depuis sa création en 2009, alors il vous suffira de surmonter les mauvais jours jusqu'à ce que les beaux jours s'annoncent. Ce sera le moment ou vous serez heureux de vendre vos bitcoins.

Dans le monde de l'investissement du Bitcoin, il y aura beaucoup de hauts et des bas. Vous avez juste besoin de discipline pour conserver vos investissements et ne pas avoir peur lorsque les prix deviennent trop bas. De même, ne soyez pas trop excité quand le prix augmente. Un plan solide, la patience et la discipline vous guiderons vers le succès.

Prendre du recul est toujours positif

Ne désespérez pas si vous avez acheté à un prix beaucoup plus élevé que le prix actuel du bitcoin. De plus ça ne servirait à rien de se mettre en colère contre vous-même si vous aviez vendu votre crypto-monnaie trop tôt alors que le prix aura tendance a augmenté après la vente.

Personne ne peut prédire l'avenir. Donc, la meilleure chose à faire pour vous est simplement de chercher à faire un léger profit et de ne pas penser aux « Et si » parce que cela ne vous aidera pas du tout.

Comme on dit, prendre du recul est toujours positif. Pour mettre les choses en perspective, si tout le monde pouvait voir l'avenir, nous aurions tous investi dans les bitcoins dès sa création par son fondateur Satoshi Nakamoto.

Chapitre 6

Comment se protéger contre les fraudes et les vols

Le Bitcoin et les crypto-monnaies sont des denrées recherchées en ce moment. Tout le monde veut sa part du gâteau, bien qu'avec les prix vertigineux, beaucoup ne peuvent pas se permettre d'acheter ou d'investir avec de l'argent qui sort de leurs poches.

Alors ils choisissent la deuxième option à laquelle ils peuvent penser- escroquer et voler ces précieuses devises digitales à d'autres gens. Dans ce guide, nous allons vous parler des escroqueries les plus communes mais aussi comment Ces arnaqueurs réussissent à escroquer et aussi comment vous pouvez vous protéger d'eux

Bitcoin et Crypto-monnaie ne sont pas des arnaques

Avant que nous découvrions les principales escroqueries que vous devez connaitre, nous voulons souligner que toutes ces escroqueries proviennent de forces extérieures et non des crypto-monnaies. Vous avez peut-être entendu des gens dire que les crypto-monnaies ne sont rien que des arnaques mais c'est 100% faux, et nous allons expliquer pourquoi.

La technologie qui se cache derrière les crypto-monnaie est appelé blockchain. C'est un registre digitale incorruptible qui enregistre toute les transactions du réseau. Aucun organisme central ne le contrôle. Il est transparent, et n'importe qui peut tracer n'importe quelle transaction qui s'est déroulé dans le passé.

Personne ne peut modifier une transaction enregistrer dans la blockchain parce que le faire signifierait que vous auriez à changer les autres transactions ou blocks qui sont venus après cette transaction ; ce qui est pratiquement impossible à faire.

La blockchain est tellement sûre que plusieurs banques et startups sont entrains d'expérimenter, et commencer à implémenter la technologie blockchain parce qu'ils ont vu à quel point elle marche bien sur le bitcoin et les crypto-monnaie.

Maintenant que vous savez que vous pouvez avoir confiance en la technologie qui se cache derrière les crypto-monnaie. Parlons des escroqueries dont la plupart des utilisateurs sont victimes.

Escroquerie #1 –Echanges de Faux Bitcoin

Il y a plusieurs plateformes fiables d'échange de Bitcoin. La plus grande et la plus populaires des plateformes qui existent depuis des années sont Coinbase, Kraken, CEX.io, Changelly, Bitstamp, Poloniex, and Bitfinex. Pourtant, nous ne pouvons garantir la fiabilité d'aucune compagnie bien qu'elle soit bien connue dans l'industrie.

Vous devez faire votre diligence raisonnable en recherchant l'historiques des compagnies, les critiques des utilisateurs, et déterminer par vous-même si vous désirez dépenser votre argent durement gagner avec eux

Trop bien pour être vrai taux d'échanges

A cause de la nature volatile des crypto-monnaies (les prix peuvent monter et descendre avec d'énormes variations de prix en quelques heures), plusieurs personnes peu recommandables sur internet capitalise de cet manière en suivant cette volatilité. Ils se jouent des débutant qui ne savent pas reconnaitre la différence entre un lieu d'échange légitime et un faux.

Ces échangeurs de faux bitcoin peuvent facilement créer un site vraisemblable et impressionner les personnes avec leur look sophistiqué apparent.

Ils attirent les personnes avec leurs promesses de prix inférieur a ceux du marché et rendement garanti.

En bref, ils jouent avec la cupidité des personnes.

Imaginez à quel point vous seriez ravi si vous trouviez un site web qui offre des bitcoins à 10% ou 20 % moins cher que celui que vous trouvez sur Coinbase or Kraken. Si ces plateformes $15,000 pour 1 bitcoin, et un autre site l'offrent à $12,000, ne sauteriez-vous pas sur cet chance ?

Vous économiseriez ($3,000 par Bitcoin!), et vous pourriez utiliser vos économies pour acheter encore plus de bitcoin bitcoins. Vous voyez, ce sont eux se jouant de la cupidité ! Ils savent que les gens veulent acheter des bitcoins pour moins de dollars. Et qui peut blâmer ces pauvres victimes ? Si nous ne savions pas mieux, nous aurions pu être victimes des mêmes arnaques.

Recevez un paiement PayPal instantané pour vos Bitcoins

Une autre méthode utilisée par ces faux échanges de bitcoins pour voler vos bitcoins est qu'ils vous proposeront d'acheter vos pièces à des taux plus élevés que ceux du marché, puis d'envoyer le montant équivalent à votre adresse PayPal.
Pour le propriétaire de bitcoin sans méfiance, il pense qu'il tire un maximum de profit de cette transaction, car il va obtenir plus d'argent pour ses bitcoins, et il recevra l'argent instantanément dans son compte PayPal.

Ainsi, il saisit la quantité de bitcoins qu'il veut vendre, confirme qu'il est satisfait du montant équivalent, saisit son adresse PayPal pour pouvoir lui envoyer l'argent, puis il attend. Et patiente. Et patient encore. Il va contacter le site mais, bien sûr, ils ne vont pas lui répondre maintenant parce qu'ils ont ses bitcoins (rappelez-vous, toutes les transactions bitcoin sont finales et irréversibles une fois validées). À ce stade, il réalisera qu'il vient d'être arnaqué. Il peut signaler le site et écrire de mauvaises critiques. Ces arnaqueurs avisés vont simplement s'installer sous un nouveau nom de domaine et attendre leur prochaine victime.

L'essentiel ici est de rester loin des « échanges » avec des taux trop bons pour être vrais. Comme le dit le dicton, si c'est trop beau pour être vrai, c'est probablement le cas.

Escroquerie # 2 - Escroqueries par hameçonnage

Il y a tellement de types d'escroqueries par hameçonnage qui sévissent aujourd'hui. Vous avez déjà reçu un e-mail de votre « banque » vous demandant de vérifier ou de mettre à jour les détails de votre compte pour vous assurer que vos coordonnées restent à jour ? Et que vous devez cliquer sur le lien e-mail pour mettre à jour vos coordonnées ?

Beaucoup de gens sont conscients que ces types de courriels ne sont rien de plus qu'une arnaque. De nos jours, les services de messagerie modernes envoient ces courriers indésirables dans le dossier indésirable, de sorte que vous ne les voyez pas beaucoup de nos jours.

Mais avec le Bitcoin et les crypto-monnaie étant si nouveau et si présent dans les nouvelles en ce moment, les arnaqueurs se démènent pour trouver un moyen de voler vos bitcoins en accédant à vos portefeuilles numériques !

Hameçonnage Escroqueries par Email

Les escrocs vous enverront un e-mail conçu pour donner l'impression qu'il vient de votre service de portefeuille en ligne (c'est pourquoi nous ne vous suggérons pas de stocker des sommes importantes de monnaie virtuelle dans vos portefeuilles d'échange). Dans le courriel, ils vous demanderont de cliquer sur un lien qui vous mènera à un faux site Web. Il ressemblera exactement à votre site Web d'échange ou de portefeuille. Bien sûr, ce n'est pas la même chose parce que le nom de domaine sera différent. Par exemple, si vous utilisez Coinbase, ils utiliseront un domaine mal orthographié similaire, par exemple :

- Cooinbase
- Coiinbase
- Coinbasse
- Coinsbase

- Coinbase-Client-Update.com ou quelque chose de similaire ... Il n'aura probablement pas de fonction de sécurité appelée SSL, ce qui signifie que le domaine commencera par HTTP et non HTTPS (les navigateurs modernes comme Chrome et Firefox devraient vous avertir si c'est un site sécurisé ou non). Si vous tombez sur cette arnaque d'hameçonnage, et que vous vous connectez au faux portefeuille, les escrocs ont maintenant vos informations de connexion dans votre véritable portefeuille ! Ils peuvent facilement vous exclure de votre compte, et ils auront alors la liberté de transférer chaque bitcoin que vous possédez dans leur propre portefeuille.

Escroqueries de logiciels malveillants

Dans ce type d'escroquerie, les escrocs vous demanderont de cliquer sur un lien soit par e-mail, bannière publicitaire, annonce de forum, ou n'importe où ils peuvent poster un lien qui téléchargera alors un type de

Virus sur votre ordinateur.

Souvent, ces virus sont des enregistreurs de frappe qui enregistrent tout ce que vous tapez sur votre ordinateur, et envoient l'information aux escrocs. Donc, si vous vous connectez à votre portefeuille en ligne, comme Coinbase par exemple, ils pourront voir votre nom d'utilisateur et votre mot de passe, et ils pourront alors se connecter à votre compte et voler facilement vos pièces !

La clé pour vous protéger de ces types d'escroqueries est de ne jamais cliquer sur des liens provenant de sources non fiables.

Si vous ne reconnaissez pas l'expéditeur, ou que le nom de domaine du site Web est mal orthographié, il devrait déclencher un signal d'alarme, et vous devriez signaler l'email et / ou quitter le site d'hameçonnage immédiatement.

En outre, pensez à utiliser des méthodes de stockage hors ligne telles que des portefeuilles en papier ou des portefeuilles matériels, même si les escrocs ont accès à votre portefeuille en ligne, ils n'auront rien à voler là.

Escroquerie # 3 - Escroqueries minières dans le cloud

L'exploitation avec le cloud est un moyen populaire de devenir un mineur bitcoin. Vous n'avez plus besoin d'investir dans votre propre supercalculateur et de rejoindre un groupe minier pour résoudre des problèmes complexes de hachage cryptographique. Vous n'avez même pas besoin de s'inquiéter des factures d'électricité coûteuses.

Vous devez simplement vous inscrire à un service d'exploitation du cloud (également connu sous le nom de ferme minière), louer de l'équipement minier et recevoir des paiements proportionnels à votre abonnement.

Alors que certaines sociétés d'exploitation utilisant le cloud s sont légitimes, il existe de nombreux sites web qui promettent des recettes irréalistes pour de petites sommes, dont le seul but est de voler votre argent.

La présence d'une page : À propos de, d'une page Conditions d'utilisation / Service, d'une adresse physique et / ou d'un numéro de contact est un problème que vous devez surveiller lorsque vous souhaitez rejoindre un service d'exploration cloud.

Ils peuvent également ne pas avoir de domaine sécurisé (pas de HTTPS avant leur nom de domaine). Ces détails sont très importants pour déterminer quel site est une escroquerie et ce qui ne l'est pas. Vous pouvez rechercher des avis sur Google et consulter leur site Web pour savoir s'ils sont légitimes ou non. Plus souvent qu'autrement, ces sites seraient anonymes sans noms ou visages derrière eux.

Certains peuvent sembler légitimes au début, mais examinent de plus près ce que votre investissement va vous procurer. Vous pouvez payer éventuellement pour un contrat qui va vous coûter quelques milliers de dollars par an mais qu'obtiendrez-vous en retour ? Vous devrez faire les calculs vous-même et calculer si vous allez finir dans le rouge.

L'objectif ici est avant de dépenser votre argent durement gagné, vous devez au moins vous assurer que vous avez affaire à une entreprise légitime et non pas un escroc anonyme qui vous laissera en larmes.

Faites de nombreuses recherches, lisez des critiques et parcourez les communautés de crypto-marchandises pour obtenir des informations sur les entreprises d'extraction de nuages les plus fiables et les plus fiables.

Escroquerie # 4 - Escroqueries Ponzi

Les escroqueries de Ponzi sont probablement plus faciles à repérer que les autres arnaques que nous avons couvert jusqu'ici dans ce guide. C'est parce que les escroqueries de Ponzi sont bien connues pour garantir des rendements exotiques sur des investissements avec peu ou pas de risque pour les investisseurs. Les gens tombent pour ce genre d'escroqueries tout le temps parce que les gens veulent des rendements garantis sur leurs investissements.

Avec le Bitcoin et les crypto-monnaies, toute entreprise qui garantit des retours exponentiels sur tout investissement devrait être considérée comme un escroc potentiel. Le marché de la crypto-monnaie est très volatil, et une minute, le prix pourrait être à un niveau record et le suivant, il baisse de quelques centaines ou quelques milliers de dollars.

En raison de cette volatilité, vous ne devriez jamais croire quiconque qui vous garantit un retour de 10% sur votre investissement chaque jour, ou quelles que soient les conditions de l'escroc.

Puisque les stratagèmes de Ponzi comptent sur de nouveaux membres, c'est à dire des victimes, pour rembourser leurs premiers investisseurs, ils offrent généralement des incitations aux membres à recruter de nouvelles personnes pour rejoindre leur réseau.

Il est très commun pour les escroqueries comme celle-ci d'offrir une certaine forme de récompenses d'affiliation. Vous référez quelqu'un à investir dans la « société », et vous êtes rémunéré pour vos efforts.

Certains systèmes de Ponzi garantissent des profits quotidiens pour toujours. Si cela semble impossible, c'est certainement le cas. Personne ne sait même si les bitcoins seront aussi longs et garantir des retours quotidiens est juste fou. Dès le départ, un investisseur intelligent verra que les offres comme celles-ci ne sont rien de plus que des arnaques conçues pour vous arracher votre argent ou vos bitcoins.

En fait, beaucoup de ces sites frauduleux préfèrent les paiements en Bitcoin parce qu'ils savent que les transactions Bitcoin ne peuvent pas être annulées ou annulées une fois envoyées ! De toute façon, qu'ils exigent des monnaies fiduciaires ou crypto-monnaies, sachez à qui vous envoyez votre argent en premier.

La clé à retenir ici est que si vous savez que les offres de l'entreprise sont trop belles pour être vraies, alors vous devriez vous enfuir dans la direction opposée. Parfois, il ne sert à rien de chercher des critiques sur Internet quand il s'agit d'escroqueries comme celles-ci, car la plupart des « critiques » sont ceux qui sont arrivés tôt dans le jeu et qui ont déjà bénéficié d'un retour sur investissement.

Et généralement, lorsque ces utilisateurs laissent des commentaires, ils ajoutent leur lien d'affiliation afin que vous sachiez tout de suite qu'ils ont un intérêt direct à laisser des commentaires élogieux pour une entreprise qu'ils connaissent ou pas, est une arnaque.

Chapitre 7

Le future des crypto-monnaie

Avant de parler de l'avenir des crypto-monnaies, il est important de se rappeler du passé et sous quelle forme les crypto-monnaies était au début. En 2008, lorsque le fondateur de Bitcoin, Satoshi Nakamoto, a publié son livre blanc sur le Bitcoin, beaucoup de gens ont dit que c'était juste une mode et une arnaque conçues pour inciter les gens à abandonner leur « vrai » argent.

Il y avait beaucoup de défaitistes et d'experts financiers qui ont dit que le Bitcoin ne serait jamais adopté par les masses et qu'il disparaîtrait dans un an ou deux.

Heureusement, la communauté des crypto-monnaie s'est ralliée et a travaillé ensemble pour faire de Bitcoin un succès. Ils ont vu le potentiel de la technologie Blockchain et ce que cela pourrait signifier pour le secteur financier. Ils ont reconnu la nécessité des crypto-monnaies du fait que la configuration financière actuelle lié aux banques et aux gouvernements a des problèmes et avait provoqué l'effondrement des économies nationales.

Ils ont reconnu que maintenir l'inflation à distance était difficile avec les devises traditionnelles et les personnes les plus pauvres n'ont souvent pas facilement accès aux banques. Recevoir ou envoyer des paiements était souvent un casse-tête avec des frais de transaction qui consomment une quantité importante d'argent.

Les banques exigent des frais exorbitants pour que leurs clients puissent avoir accès à leur propre argent, et le gouvernement prend très peu de mesures, voire pas du tout, pour aider les gens.

Les partisans du Bitcoin disent que le système financier moderne est un gâchis où les banques et les gouvernements collaborent ou travaillent ensemble, sans aider leurs citoyens, leurs besoins financiers, mais de prendre autant d'argent qu'ils peuvent d'eux en termes de frais perçus.

Bitcoin a tout changé. Avec Bitcoin, vous coupez l'intermédiaire. Il n'y a plus de banques à traiter et pas de gouvernement pour espionner vos comptes bancaires. Avec Bitcoin, vous êtes votre propre banque. Vous êtes le caissier qui envoie et reçoit les paiements, et vous êtes le banquier responsable de la sécurité de votre argent.

Bitcoin a été un leader sur tant de fronts. En tant que première crypto-monnaie réussie, elle a ouvert la voie à la réussite d'autres crypto-monnaies et la communauté mondiale a lentement pris conscience ces dernières années. Lisez la suite pour découvrir les autres possibilités qu'offrent Bitcoin et crypto-monnaie pour le futur !

Un soutien massif des masses

Dans la plupart des pays développés, obtenir une carte de crédit ou un prêt commercial est relativement facile. Cependant, dans les pays en développement, il faudrait littéralement sauter dans les cerceaux et les formalités administratives du gouvernement avant de pouvoir en obtenir un. Mais avec Bitcoin et crypto-monnaie, tout ce dont vous avez besoin est juste votre porte-monnaie numérique, et vous pouvez commencer à recevoir la crypto-monnaie de n'importe qui, n'importe où dans le monde.

Vous n'avez même pas besoin de votre propre connexion Internet à la maison ; vous pouvez simplement aller quelque part avec un bon accès à Internet et créer un portefeuille rapide en ligne ou sur votre téléphone mobile. Bien sûr, stocker votre chiffrement en ligne n'est pas une bonne idée, vous devriez donc envisager de les stocker dans un endroit froid, comme un porte-monnaie ou un porte-monnaie.

Mais les portefeuilles en ligne sont parfaits pour les petites transactions, donc si vous avez besoin de payer une facture d'électricité ou votre facture de carte de crédit, scannez simplement le code QR du porte-monnaie bitcoin et envoyez votre paiement crypto. Pas besoin de passer toute la journée debout dans les longues files !

Aujourd'hui, il existe déjà de nombreuses entreprises qui ont commencé à accepter les paiements Bitcoin (bien qu'ils soient encore minoritaires). Ces propriétaires d'entreprise avant-gardistes voient l'avantage d'accepter des bitcoins et profitent bien de cette décision d'affaires intelligente !

Vous pouvez acheter pratiquement n'importe quoi avec des bitcoins. Vous pouvez acheter des billets d'avion, louer des voitures, payer vos frais de scolarité, acheter des produits d'épicerie, acheter des produits sur Amazon en achetant des cartes-cadeaux Amazon sur des sites tiers, et bien plus encore !

À l'avenir, nous pouvons nous attendre à ce que tant d'autres entreprises sautent sur le wagon de paiement bitcoin, et ce serait une situation gagnant-gagnant pour les propriétaires d'entreprise et les clients.

Les entreprises recevront leur paiement rapidement et dans leurs comptes bancaires le jour suivant (en utilisant une passerelle de paiement comme BitPay qui offre des bitcoins instantanés pour convertir les devises), et les clients pourront acheter des articles de manière très pratique.

Bitcoin dans les économies en développement

Il n'est pas surprenant que Bitcoin ait été adopté massivement ces dernières années. En fait, au Zimbabwe, les gens utilisent des bitcoins pour effectuer des transactions financières. Avec la disparition du dollar zimbabwéen, le pays a dû recourir aux dollars américains comme monnaie principale.

Cependant, ce n'est pas une solution très faisable parce que leur gouvernement ne peut pas imprimer les dollars américains eux-mêmes. Les Vénézuéliens connaissent également le même problème. Le bolivar vénézuélien est devenu si hyper-gonflé qu'il est presque inutilisable. Les gens ont eu recours à des bitcoins pour payer les produits de base, les médicaments, l'épicerie et bien plus encore.

Pour les Zimbabwéens et les Vénézuéliens, ainsi que les Vietnamiens, les Colombiens et les citoyens des pays aux monnaies superflues, Bitcoin est un phare de lumière car il n'est pas soumis aux caprices et aux manipulations de leurs banques locales ou de leurs gouvernements.

Leur situation économique actuelle est un exemple parfait de l'inconvénient d'avoir une autorité centrale pour gérer la monnaie d'un pays, tout en soulignant tous les avantages de l'utilisation de Bitcoin, un réseau financier décentralisé et 100% transparent.

Avec le Bitcoin recevant un soutien massif des gens dans les pays en voie développement, les gouvernements pourraient bientôt intervenir pour réglementer l'utilisation de Bitcoin et d'autres crypto-monnaies. Bien que nous ne puissions prédire l'avenir, pour l'instant, Bitcoin offre une alternative sans inflation à la monnaie traditionnelle.

Et avec la montée en flèche des prix Bitcoin et crypto-monnaie, cela donne à beaucoup de gens un pouvoir d'achat que leurs monnaies nationales ne peuvent fournir.

Paiements internationaux rapides et bon marché
L'un des principaux avantages des paiements Bitcoin est la rapidité avec laquelle le destinataire peut obtenir ses bitcoins. Ceci est parfait pour les personnes qui embauchent des travailleurs indépendants ou des employés à l'étranger.

Les employés n'ont pas besoin de s'inscrire pour un compte en banque et encourent des frais à gauche et à droite simplement parce qu'ils reçoivent de l'argent de vous, un client international.

Bien entendu, nous ne devons pas omettre de mentionner les frais que vous paierez vous-même à votre banque chaque fois que vous remettez ou transférez de l'argent à vos travailleurs étrangers.

Même avec les paiement PayPal, vous remarquerez une différence dans les taux d'échanges qu'ils utilisent. Vous ne remarquerez peut-être pas le taux d'échanges lorsque vous transférez des sommes relativement faibles, mais quand vous transférez des milliers de dollars, les frais augmente jusqu'à un chiffre exorbitant

Avec le Bitcoin, vous pouvez dire au revoir à tous ces frais exorbitant.

En plus des frais que vous et votre destinataire payez, vous devrez également tenir compte du taux de change. La plupart des banques vous chargez ! Que vous envoyiez 1 000 bitcoins ou 0,01 bitcoins, les frais d'exploitation peuvent être les mêmes car les frais sont calculés en termes d'octets, et non en nombre de bitcoins.

La taille (en octets) de votre transaction dépendra du nombre d'entrées et de sorties par transaction. Sans entrer dans les détails techniques, il est important de noter ici que les frais miniers sont très, très petits par rapport aux frais de votre banque. C'est pourquoi le Bitcoin et les crypto-monnaies vont changer le futur. Plus de gens traiteront directement les uns avec les autres pour éviter de payer ces frais bancaires très élevés !

Avec de plus en plus de gens se transmettant directement les crypto-monnaies, il n'y aura peut-être plus besoin de services de transfert d'argent de tiers ou même de banques. Bien que cela puisse prendre de nombreuses années, il est toujours possible que tout le monde soit informé des avantages de l'utilisation des crypto-monnaies pour envoyer et recevoir des paiements de n'importe qui dans le monde en quelques minutes.

Combattre le crime et la corruption

Beaucoup de gens s'inquiètent que le réseau de Bitcoin soit utilisé par des blanchisseurs d'argent, des criminels et des fonctionnaires corrompus parce qu'ils pensent que c'est un réseau anonyme. Oui, toutes les transactions vérifiées sont enregistrées sur la Blockchain et non, il n'y a pas de noms ici.

Vous pouvez voir seulement des codes alphanumériques, beaucoup en fait. Si vous téléchargez le client Bitcoin Core gratuit et open source, vous devrez également télécharger la Blockchain entière qui est déjà plus de 100GB +. Des millions de transactions bitcoin depuis 2009 sont stockées sur la Blockchain. Vous verrez même la première transaction de son fondateur, Satoshi Nakamoto.

Nous mentionnons ceci pour indiquer que Bitcoin n'est pas vraiment anonyme. Au lieu de cela, c'est un pseudonyme, ce qui signifie que les utilisateurs peuvent se cacher derrière des pseudonymes, mais en y regardant de plus près, les experts en criminalistique numérique peuvent déterminer qui possède les portefeuilles Bitcoin.

C'est, bien sûr, une entreprise qui prend du temps, mais quand vous cherchez des criminels qui ont blanchi des millions ou des milliards de dollars de bitcoins
les attraper devient alors une priorité absolue. En fait, les experts disent que les criminels ont intérêt à cacher leur butin volé dans des comptes bancaires offshore avec leurs lois sur la protection de la vie privée.

Mais le bitcoin est plus facile à déplacer pour que les gens pensent qu'ils peuvent facilement cacher leurs transactions illicites dans le labyrinthe alphanumérique connu sous le nom de Blockchain. En bref, un certain nombre de criminels ont été mis derrière les barreaux grâce au Bitcoin et à la Blockchain.

À l'avenir, si et quand la crypto-monnaie bénéficiera d'un soutien massif et de l'adoption des masses dans le monde entier, il sera plus facile pour les autorités de tracer et d'attraper les criminels espérant utiliser des crypto-monnaies pour cacher et déplacer leur argent volé.

La technologie Blockchain deviendra courante partout
De nombreux gouvernements, banques et organisations privées envisagent d'adopter la technologie Blockchain dans leurs produits et

services. La Blockchain est la technologie sous-jacente derrière Bitcoin et d'autres crypto-monnaie.

La technologie commence déjà à être reconnue et adoptée par de nombreux secteurs dans le monde. Alors que cela peut prendre plusieurs années, c'est au moins un signe positif en faveur de la révolution Blockchain.

Deux des technologies de blockchain les plus populaires aujourd'hui sont Ethereum et Hyperledger. Vous avez peut-être entendu parler d'Ethereum comme la deuxième crypto-monnaie la plus populaire, après Bitcoin. Mais c'est plus qu'une simple plateforme de monnaie virtuelle.

Ethereum est une monnaie qui permet à quiconque de créer des contrats intelligents qui aident les gens à échanger ou échanger des biens de valeur, tels que l'argent, la propriété, les actions, etc. Le contrat est publiquement transparent et enregistré sur la

Blockchain, ce qui signifie que les autres gens sont témoins des transactions.

Le grand avantage des contrats intelligents est que vous êtes en train d'automatiser les contrats sans payer pour les services d'un intermédiaire comme une banque, un courtier ou un avocat.
Hyperledger, d'autre part, est un projet de collaboration interprofessionnelle source ouverte avec des contributeurs de nombreuses grandes entreprises telles que Deutsche Bank, IBM, Airbus et SAP.

Selon leur site Web, la collaboration vise à développer une « nouvelle génération d'applications transactionnelles qui établissent la confiance, la responsabilité et la transparence ». Ces applications ont le potentiel de rationaliser les processus métier et de réduire le coût et la complexité des différents systèmes dans le monde réel.

Ce ne sont là que quelques exemples de la façon dont la technologie Blockchain va changer le monde dans le futur. Blockchain peut avoir moins de dix ans, mais il a déjà changé la vie de tant de gens pour le mieux.

Feriez-vous une partie de la révolution Crypto-monnaie ?

Dans ce guide, vous avez découvert de nombreux que vous aurez en utilisant les Bitcoin, les crypto-monnaies et technologie Blockchain. Investir dans la crypto-monnaie peut être dans votre meilleur intérêt, mais il est toujours préférable de faire des recherches approfondies sur celles-ci avant d'investir.

Bitcoin est peut-être trop cher pour le moment mais n'oubliez pas que vous n'avez pas besoin d'acheter un bitcoin entier. Alternativement, il existe d'autres crypto-monnaies émergentes avec de bons antécédents dans lesquels vous pourriez envisager d'investir.

Avec la crypto-monnaie qui semble prête à s'intégrer aux marchés financiers traditionnels, investir dans la crypto-monnaie n'est plus une idée effrayante. En fait, c'est peut-être la meilleure décision financière que vous prendrez pour vous et pour l'avenir de votre famille.

www.ingramcontent.com/pod-product-compliance
Lightning Source LLC
Chambersburg PA
CBHW052321220526
45472CB00001B/209